陸上競技入門ブック

スプリント・リレー 第2版

ベースボール・マガジン社

はじめに

　新型コロナウイルスの影響で延期になった東京オリンピックは、1年遅れて2021年に開催されました。金メダルを目指して臨んだ日本男子4×100mリレーは、残念ながらバトンが届かず、失格に終わってしまいました。選手たちはみんな、「銀」や「銅」ではなく夢であった「金」を狙って攻めた、その結果でした。私はそこに最も責任のある代表コーチとして立っていたので、失敗を褒めることはおかしいのですが、それでも彼らが目指しているものは簡単に手に入るものではないですし、それを果敢に取りにいって、失敗した、その姿勢に感動しました。

　「速く走りたい」ということ、これは誰もが一度は考えることだと思います。日本独特である運動会、オリンピックは世界の最高峰の運動会ともいえます。運動会で速く走ることができる子は、オリンピックの100mメダリストと同様にヒーロー、ヒロインです。スプリント種目というのは、みんなが抱く「夢」に挑戦する種目です。

　「速く走る」というと、とてもシンプルで簡単なように思えます。サッカーや野球、その他さまざまなスポーツは、体の使い方などの技術や、それを実現するための体力だけでなく、チームワークや対戦相手など、考える要素が数多くあり、とても複雑です。上達するには、さまざまな要素を高める必要があり

ます。それに比べて速く走るということは、例えば 100m では、誰とも接触せずにまっすぐ走るだけ。とてもシンプルです。では、それが簡単かというと、そうではありません。シンプルなものほど、そのパフォーマンスを高めることはとても難しく、奥が深いのです。

　本書では、特に中学生、高校生を対象に、スプリントのパフォーマンスを高めるための基本的な知識をはじめ、具体的なトレーニングをできるだけ多く取り上げました。しかしながら、取り上げきれなかったところや、もしかしたら選手によっては合う、合わないが生じてしまう内容もあるかもしれません。かなりレベルの高い選手や、指導者の皆さんには物足りなく感じるかもしれません。また、「速く走る」という目標は共通でも、その目標達成の方法や、最終的に出来上がる走りは、選手一人ひとりで異なるでしょう。本書を参考にしていただくことが、最終的に自分の走りやトレーニングといった「自分流」をつくり上げるための糸口となれば、と考えています。

　そして一人でも多くの若い選手たちが、自分の「夢」の実現に向かって挑戦し続けてくれることを祈っています。

土江寛裕

デザイン／橋本千鶴
解説写真／川口洋邦
競技写真／BBM、陸上競技マガジン、JMPA、
　　　　　Getty Images
人体図　／中山　昭
編集協力／リュクス
動画撮影／梅田朋美（アイムプロダクション）
動画編集／木村雄大（ライトハウス）

本書の使い方

図、グラフ、表で
よくわかる！

本文に加え、見やすい図解、最新データによるグラフ、実践に役立つ表などで理解をさらに深めることができます。

トレーニング内容が充実！
コーチングの知識も深まる！

コーチングの基礎から応用まで理解が深まる構成で、選手がトレーニングに主体的に取り組めるように導くことができます。

連続した写真で
動作がよくわかる

技術やトレーニングの連続写真には解説＆補助線等が入り、一つ一つの動作が詳しくわかります。

トレーニングの
具体的な組み立てや
プラン例などが一覧できます

PART4　スプリントのトレーニング
・基礎／専門体力トレーニング期
PART6　体づくりのトレーニング
・サーキットトレーニング　等

動画のみかた

QRコードをスマートフォンやタブレット型のパソコン等に付属のカメラで読み取り、視聴してください。動画は本書のために新たに撮影・編集したものです。音声解説はついていません。すべてのトレーニングに動画がついているものではありません。

PART1

スプリントの基礎知識

スプリント（短距離走）を学ぶうえでの
基礎的な知識を身につけましょう。
スプリントの歴史、
競技力の向上を目指すうえで必要な
スポーツ科学の基本的な内容を
ここでは紹介します。

陸上競技とは

陸上競技は、「走る・跳ぶ・投げる」という人間の最も基本的な運動で構成され、それぞれの、あるいはその組み合わせのパフォーマンスを一定のルールのもとで競い合うスポーツです。競技種目には、400mまでのスプリント（短距離走）や、障害物を使ったハードルなどのトラック競技、ハンマー投や走高跳などのフィールド競技、一般公道を使用するマラソンや競歩などがあり、多種多様な魅力があります。

人類の歴史とともに歩む陸上競技

　陸上競技の歴史は古く、紀元前9世紀ごろには「古代オリンピック」が始まりました。当時は宗教色を帯びた競技祭で、男性だけが参加することができ、女性は見ることさえ許されなかったと伝えられます。競技はただ一つ、「スタディオン走」とよばれる短距離走のみでした。スタディオンとは、現在における「スタジアム（競技場）」を意味し、1スタディオン＝192.27mの距離を競ったとされます。やがて、スタディオンの2倍の距離を走るディアウロスや、走幅跳、円盤投、やり投、レスリングなどの競技が登場します。古代オリンピックは1000年以上続きましたが、やがて廃止されました。

　再び陸上競技が歴史に姿を現すのは、19世紀に入ってからのことです。イギリスを中心に行われるようになった陸上競技は、現在の姿とほとんど変わらず、宗教的な祭典ではなく、スポーツとして行われるようになりました。1896年にアテネで開催された第1回「近代オリンピック」をきっかけに、陸上競技は一気に世界各国へと普及します。日本のオリンピックへの参加は、1912年の第5回ストックホルム大会からです。同年には、国際陸上競技連盟が設立され、世界記録が公認されるようになりました。

競走して1位を目指す、そして記録に挑む面白さ

　陸上競技では2つの挑戦をすることができます。1つは、「競走」による勝負です。スプリント競技では、そのレースに参加する8名の選手が横一列に並んで、1つのピストルに集中してスタートを切ります。誰が速いかを決定するのなら、一緒にスタートを切らなくても、そ

2004年のアテネオリンピックでは、第1回近代オリンピックが開催されたパナシナイコ競技場がマラソンのゴールになった

の選手がベストで走れたタイムを比較すればわかりますね。でも、わざわざ横一列に並んで走ること、そのレースでの順位を決めることが、この「競走」的な要素であり、競技を行う者にとっても、観戦する者にとっても、単純明快でエキサイティングな面白さがあります。

もう1つは、「記録」への挑戦です。陸上競技は統一されたルールのもとで行われるため、必ず記録を計測し、その記録はすべて残されます。あなたの記録もしっかりと陸上競技の歴史に刻まれるのです。「競走」による単純な勝ち負けだけではありません。たとえ1位を獲得できなかったとしても自己の記録を更新することが

できたなら、自分に勝ったといえるでしょう。記録を更新することで自分のレベルがどんどん高くなることを確認できるのも、陸上競技ならではの楽しみ方ですね。ずっと記録が更新できず苦しくても、どこかでやっと自己ベストが出たときの喜びはとても大きなものになります。

さらには、過去の日本記録や世界記録と比較することもできます。陸上競技場のトラックの素材やタイムの計測方法など今と昔で異なる点もありますが、歴代のトップ選手との比較も可能です。憧れの選手の記録を目標に掲げることは、競技生活においてきっと励みになることでしょう。

古代オリンピックのスタディオン走は、なぜ「192.27m」なのか？

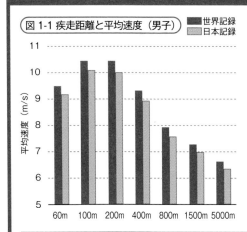

図 1-1 疾走距離と平均速度（男子）

192.27m という長さの理由は「最もスピードが出せる距離」に関係しているという説がある。図 1-1 は、走る距離に対する平均速度を表したもの。値が最高値に達する 100m と 200m の平均速度にほぼ違いはない。100m の平均速度が 200m を上回ったのは近年のことで、平均速度でいうと、長い間 200m が最もスピードの出る距離とされてきた。人類最速を競うために最適といえるこの距離を、古代ギリシャ人は経験的に知っていたのかもしれない。

男子		60m	100m	200m	400m	800m	1500m	5000m
世界記録	記録（分：秒.）	6.34	9.58	19.19	43.03	1:40.91	3:26.00	12:35.36
	平均速度（m/s）	9.46	10.44	10.42	9.30	7.93	7.28	6.62
日本記録	記録（分：秒.）	6.54	9.95	20.03	44.78	1:45.75	3:35.42	13:08.40
	平均速度（m/s）	9.17	10.05	9.99	8.93	7.57	6.96	6.34
女子		60m	100m	200m	400m	800m	1500m	5000m
世界記録	記録（分：秒.）	6.92	10.49	21.34	47.60	1:53.28	3:50.07	14:06.62
	平均速度（m/s）	8.67	9.53	9.37	8.40	7.06	6.52	5.91
日本記録	記録（分：秒.）	7.29	11.21	22.88	51.75	2:00.45	3:59.19	14:52.84
	平均速度（m/s）	8.23	8.92	8.74	7.73	6.64	6.27	5.60

スプリントとは

短距離走は 400m までの距離のレースで、それ以上は中距離、長距離に分類。中・長距離走は持久力を、短距離走はどれだけ速く走れるか、というスピードを競います。

ショートスプリントと
ロングスプリント

　陸上競技のなかでも花形種目といわれるのが、短距離走の 100m です。オリンピックや世界選手権でも、決勝のシーンは新聞やテレビで大きく報道され、世界中から注目を浴びます。それはやはり、わずか 10 秒という一瞬で決着するという競技特性や、誰しもが抱くスピードへの憧れがあるからではないでしょうか。

　短距離のうち、オリンピックに採用され、日本記録としても公認されているのは、個人種目では 100m、200m、400m の 3 種目です。リレー種目では、4 × 100m リレー、4 × 400m リレーの 2 種目があります。4 × 100m リレー

は「4 継（よんけい）」、4 × 400m リレーは「マイル」という通称で親しまれています。これらは、全日本中学校選手権や、高校総体なども同様です。最近では男女混合の 4 × 400m リレーもオリンピックで実施されるようになりました。

　短距離走は大きく分けて、ショートスプリントとロングスプリントの 2 つがあります。前者は 100m と 200m を指し、後者は 400m を指します。

　ショートスプリントはスターティングブロックから飛び出してゴールするまで、基本的に全力で走ります。ですから、その人の出せる最大のスピードで走る瞬間があると考えられます。ショートスプリンターでも 100m が得意な選手、200m が得意な選手に分かれます。200m を、100m の自己ベストのタイムの 2 倍のタイムより速く走れる人は 200m 型といっていいでしょう。逆に 200m では 100m ベストよりも倍以上の時間がかかる人は 100m が得意な選手といえるでしょう。100m 型の選手はスタートが得意でパワーのある選手が多く、200m 型の選手は細身で加速力よりスピードを持続する能力に長けた選手が多いです。いずれも高いトップスピードを出すことができる点は共通です。

表 1-1 100m 男子世界記録の変遷

1968年	9秒95	ジム・ハインズ（アメリカ）
1983年	9秒93	カルビン・スミス（アメリカ）
1988年	9秒92	カール・ルイス（アメリカ）
1991年	9秒90	リロイ・バレル（アメリカ）
1991年	9秒86	カール・ルイス（アメリカ）
1994年	9秒85	リロイ・バレル（アメリカ）
1996年	9秒84	ドノバン・ベイリー（カナダ）
1999年	9秒79	モーリス・グリーン（アメリカ）
2007年	9秒74	アサファ・パウエル（ジャマイカ）
2009年	9秒58	ウサイン・ボルト（ジャマイカ）

一方でロングスプリントは、スタートからゴールまで全力で走り切ることはできません。ゴールまで走り切れる最大のスピード、ペースを競い合う競技なのです。前半から飛ばしすぎるとラストで大きく減速してしまいますし、抑えすぎるとタイムは伸びません。400mは、ゴールまでの間にちょうど走り切ることのできる最大のスピードを競う競技、どれだけギリギリのスピードで飛ばせるかを競う「チキンレース」的な要素を持ったスプリント種目といえます。

100mは「スピードキング」決定戦

図1-2のようにスピードが変化する。スタート直後は急激に速度が高まり、40〜60m付近で最大スピードに。その後、世界のどんなトップ選手でもスピードは低下する。2023年現在、100mの世界記録保持者であるウサイン・ボルト選手の走りの映像を見ると、後半スピードが上がり伸びているように思えるが、実際は速度は低下している。ほかの選手がもっと大きく減速しているため、ボルト選手が後半伸びているように見えるのだ。

図1-3は、100mの間で最もスピードが速くなったときの速度と記録の関係。また図1-4は、最もスピードが速くなったときに対して後半どれだけスピードが落ちたか、その割合（速度低下率）と記録の関係を表したもの。トップスピードと記録の関係は、一直線を描く。これは、

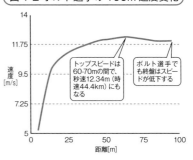

図1-2 ボルト選手の100m 速度変化

トップスピードは60-70mの間で、秒速12.34m（時速44.4km）にもなる

ボルト選手でも終盤はスピードが低下する

トップスピードが、記録に大きく影響するということを意味している。一方で、速度低下率と記録の関係は、記録のよしあしにかかわらずばらつきが大きい。

つまり100m走で最も重要なことは、どれだけ速いスピードを出すことができるかということ。まさに、「スピードキング」を決定する戦いなのである。

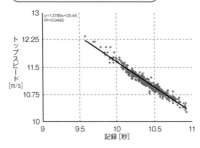

図1-3 トップスピードと記録

y=1.3789x+25.44
R²=0.9495

トップスピードと記録は一直線の関係にある。トップスピードが速ければ、確実に記録が上がるということ　　（松尾ら 2014）

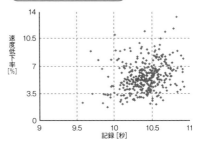

図1-4 速度低下と記録

速度低下率はバラバラ。速い人でも遅い人でも低下率が低い人から高い人までさまざま　　（松尾ら 2014）

スプリントのエネルギー

自動車がガソリンをエネルギー源として動くように、人間の体にも、そのエンジンである筋肉を動かすためのエネルギーが必要となります。人間が使うことのできるエネルギーは、アデノシン3リン酸（ATP）という形で体の中に貯蔵したり、それを再合成して利用したりします。ATP は食べたもの（糖質・脂質・タンパク質）を分解することでつくり出すことができます。ATP はスプリントなどの運動に必要なエネルギー源というだけでなく、すべての生命活動に使われるエネルギー源です。

エネルギーを供給する3つの系統

筋肉の中には、常に一定の ATP が貯蔵されています。しかし、ATP の貯蔵量は非常に少ないため、運動を持続するためには ATP を再合成してエネルギーを供給する必要があります。この ATP再合成の方法（エネルギー供給系）は3つに大別されます。それぞれに一長一短があり、それらをよく理解しておくことはスプリントのトレーニングを行ううえで非常に重要です。

① ATP-CP 系

筋肉の中には、クレアチンリン酸（CP）という物質が貯められています。ATP-CP 系とよばれるエネルギー供給系では、この CP を使うことで ATP の再合成を行います。ATP-CP 系は非常に速く ATP を再合成することができ、非常にパワフルであるという長所がありますが、持続時間が非常に短いという短所を併せ持ちます。

②解糖系（乳酸系）

筋肉や肝臓に貯蔵されている糖質を、酸素を使わずに分解する過程で ATP を再合成します。この反応は、ATP-CP 系の次に素早く ATP 再合成が可能です。しかし、あまり長続きせず、疲労の1つの要因となる乳酸を生成します。乳酸とは、糖質を分解する過程で生成され、次に説明する有酸素系ではエネルギー源となる、いわば「使いかけ」のエネルギー源ということができるでしょう。

③有酸素系（酸化系）

有酸素系ではその名の通り、酸素を使って ATP を再合成します。その原料は糖質だけでなく脂質やタンパク質を利用することもできます。この酸素を使ってATP を再合成すると、その結果として二酸化炭素が出ます。呼吸で酸素を取り込んで、二酸化炭素を吐き出しているのは、この有酸素系によってエネルギーをつくり出すためなのです。有酸素系は継続的にエネルギーを供給することができますが、複雑なプロセスを経るため、供給速度が遅いことが短所です。ただし、有酸素運動によるトレーニングをすることで、酸素を取り込む能力（最大酸素摂取

量）が高まったり、この反応が起きる器官（ミトコンドリア）の数が増えたりして、ATP を再合成する能力がアップします。さらにこの能力が高まると、解糖系で出てしまう乳酸を利用して ATP をつくり出すこともできます。有酸素系の能力が高まることで、解糖系もより持続的に働くことができるようになるのです。

スプリントでは、種目によってエネルギーが供給される系統の比率は異なります（図 1-6）。10 秒そこそこで競技が終了する 100m では、酸素を使わない ATP-CP 系と解糖系が 80％を占めます。200m では、3 系統の比率がちょうど三等分になるといわれています。400m では、約半分のエネルギーが有酸素系によって供給されます。有酸素系は、いわゆる長距離走のようなトレーニングで養われるものです。

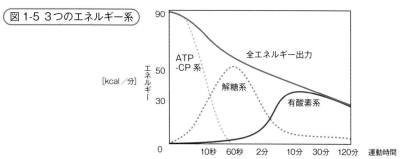

図 1-5 3つのエネルギー系

	ATP-CP 系	解糖系	有酸素系
エネルギー源	筋内の ATP、クレアチンリン酸	グリコーゲン	乳酸、脂質
代謝産物	リン酸	乳酸	二酸化炭素、水
パワー	◎	○	△
持久力	△ 6 ～ 10 秒	○ 40 ～ 90 秒	∞

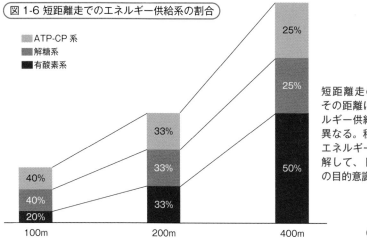

図 1-6 短距離走でのエネルギー供給系の割合

短距離走のなかでも、その距離によってエネルギー供給系の比率は異なる。種目に応じたエネルギー供給系を理解して、トレーニングの目的意識を高めよう

（八田 2009）

筋線維タイプとスプリント

スプリントは短時間で決着する競技ですから、瞬発力が必要になります。瞬発力を出すことが得意な人とそうでない人がいますが、これは筋の特性と関係があります。筋は、瞬発力を出すことが得意な筋と、瞬発力よりも持久力に優れた筋の2種類に大きく分けられ、人によってその比率が異なります。さらに、その比率は遺伝的な影響を強く受け、生まれつき決まっているともいわれています。

パワー担当の「速筋」と持久力担当の「遅筋」

瞬発力を出すことが得意な筋を「速筋」（Type II）といいます。速筋は見た目が白っぽいので、白筋とよばれることもあります。もう一方の、瞬発力を出すのは苦手だけれど、持続的に動き続けることが得意な筋を「遅筋」（Type I）といいます。見た目は赤く、赤筋とよばれることもあります。遅筋の比率が大きい人は、長距離や持久的な運動が得意であることが多いです。

また、速筋のなかでもよりパワフルな力の発揮を得意とする Type IIx と、速筋のなかでは持久力が高く、遅筋に近い性質を持つ Type IIa の2つの種類があります。Type IIx は持久的なトレーニングをすることで、Type IIa に変化することがわかっています。ですから、速筋の割合が多く、瞬発的な運動が得意な人でも、持久的なトレーニングを積むことで持久力は高まります。

一方で、遅筋はトレーニングをしても速筋のような性質を持つことができません。短距離走が天性の種目とよばれることがありますが、これは、生まれつき瞬発力を出すのが得意な筋の比率が高い人が競技に向いているためなのです。

ATP-CP 系＋解糖系の速筋と有酸素系の遅筋

速筋と遅筋の力・パワーの大きさや、持久力の違いは前述の通りですが、その違いを生み出している原因の1つが、それぞれのタイプの筋が得意とするエネルギー供給系の違いです。速筋は主にクレアチンリン酸を分解する ATP-CP 系とグ

表 1-2 速筋と遅筋のトレーナビリティ

	速筋線維		遅筋線維
	Type IIx	Type IIa	Type I
エネルギー供給系	主に ATP-CP 系 解糖系	ATP-CP 系 解糖系 有酸素系	主に有酸素系
筋出力・スピード	◎	○	△
持久力	△	○	◎
トレーナビリティ	○ 持久系トレーニングで Type IIa に変化 ←→	○ パワー系トレーニングで Type IIx に変化	× 変化しない

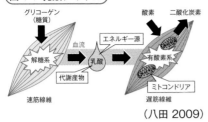

図 1-7 乳酸シャトル

グリコーゲン（糖質）
解糖系
代謝産物
血流
乳酸
エネルギー源
速筋線維

酸素　二酸化炭素
有酸素系
ミトコンドリア
遅筋線維

（八田 2009）

リコーゲンを分解して乳酸をつくる解糖系を使って筋にエネルギーを供給します。一方で遅筋は有酸素代謝を行うミトコンドリアを筋内に多く含んでいるため、有酸素系を使ったエネルギー供給を得意とします。それにより、速筋は爆発的な筋力発揮に対応するための迅速なエネルギー供給をすることができる反面、その代謝反応は長く続かず、数秒から数十秒で発揮パワーが大きく落ちます。

　一方、遅筋では酸素を使って持続的にエネルギーの供給と運動の継続が可能です。また、遅筋での有酸素代謝のエネルギー源は、脂肪や速筋の解糖系の結果として出てきた乳酸です。速筋で余剰にできた乳酸は、循環系を介して遅筋に運ばれ、エネルギー源として利用することができます（乳酸シャトル）。したがって、特に 400m などの長い時間パワフルな運動をするうえでは、速筋と遅筋、有酸素系と解糖系両方の強化がパフォーマンスアップにつながります。

乳酸を正しく理解しよう

乳酸は疲労物質ではない

　「乳酸は疲労物質だ」と長らくいわれてきました。いまでもトレーニング現場ではそのような考え方のままのところも多いようです。ですが、近年、乳酸は疲労物質であるということは、科学的に否定されています。それどころか、トレーニング効果を高める物質であるということがわかってきました。

　ここで説明した通り、乳酸というのは速筋による力強い運動に必要なエネルギーをつくり出すために発生した解糖系の副産物ですが、遅筋での有酸素系では乳酸を原料にしてエネルギーをつくり出します。つまり乳酸は疲労物質ではなく、むしろエネルギー源であるといえます。

乳酸はトレーニングの効果を高める物質である

　乳酸はエネルギー源となるだけではありません。トレーニングによって乳酸がたくさん出ると、その効果として筋内のミトコンドリアが増えることが最近の研究でわかってきています。

　ミトコンドリアは遅筋線維の中に多く含まれている細胞小器官ですが、ここでは有酸素系の代謝が実際に行われます。そのミトコンドリアが増えるということは、有酸素系の能力が高まることを意味します。ジョギングやインターバルトレーニングを行うことでミトコンドリアが増えることは古くから知られていますが、ダッシュやスプリントなどのパワフルな運動を繰り返し実施して解糖系代謝を促し、乳酸をたくさんつくり出すことにより、ミトコンドリアが増える（乳酸を使ってエネルギーをつくる能力が高まる）ことが期待できます。

　つまり乳酸は疲労を作り出す「嫌な奴」というのは間違いで、エネルギー源であり、トレーニング効果を高める効果もある、けっこう「良い奴」なのです！

スプリントの解剖学

スプリントに限らず、さまざまなスポーツパフォーマンスや、日常動作までのすべては、筋によって発揮される力が源です。筋で発揮された力や運動は、骨、関節に伝わって、関節の運動になります。そして体中の関節が複雑に動くことによって全身の運動となります。

スプリントのトレーニングをしていくうえで、どの筋がどの関節にどのように作用することによってスプリントパフォーマンスを形づくっていくかを知る

ことは重要だといえます。ここではスプリントパフォーマンスに深くかかわる主な関節、筋について、スプリント動作と関連づけながら紹介します。

下腿・足部　「バネ」と力の伝達

足部は地面に接し、脚を中心とした蹴る力を地面に伝達する役割があります。足部と下腿は足関節でつながっていて、足関節に作用する下腿の筋群が最後のキックの力の伝達を担っています。アキ

レス腱によるバネの作用と、足首を頑丈にロックすることにより股関節などの大きな力を発揮する関節からの力を効率よく地面に伝える役割があります。

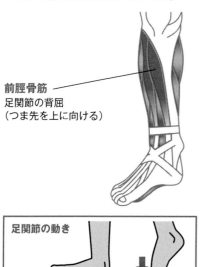

前脛骨筋
足関節の背屈
（つま先を上に向ける）

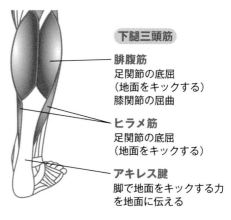

下腿三頭筋

腓腹筋
足関節の底屈
（地面をキックする）
膝関節の屈曲

ヒラメ筋
足関節の底屈
（地面をキックする）

アキレス腱
脚で地面をキックする力を地面に伝える

足関節の動き

背屈　　底屈

足首のロック

　スプリント時に足首で力を逃がさないようにロックすることはスプリントにとってとても重要な要素です。地面をキックする力をすべて受け止めるので、底屈側の下腿三頭筋の強さが必要なことは想像がつきやすいですが、その強さを引き出すために、逆側の前脛骨筋などの背屈側の強さもとても大切になります。

足首と膝の連動（膝、足首のロックのために）

　下腿三頭筋の一部である腓腹筋は、片方の端はアキレス腱を介してかかとの骨につながり、足首を底屈させます。もう一方の端は膝関節を飛び越えて大腿骨につながっていて、膝を屈曲させる働きをします。足首、膝の２つの関節を飛び越す構造（二関節筋）によって２つの関節は連動します。足首を底屈して地面をキックしてしまうと、同時に膝も伸展してしまいます。逆に足首をしっかりロックできていると、膝の関節も伸びにくくロックしやすくなります。

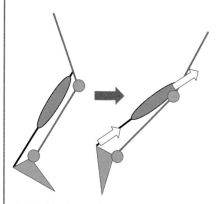

足首を底屈すると膝も連動して伸展する

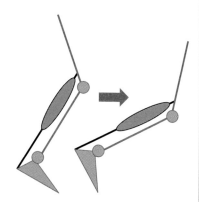

足首のロックは膝のロックを助ける

アキレス腱の「バネ」作用

　アキレス腱をはじめとする腱や靭帯は、それ単独では力を発揮することはできませんが、筋が発揮する力や外力をバネのように弾性エネルギーとして蓄積し、一気に解放することで大きなパワーを生み出すことができます。

スプリントのメインエンジン

大腿部後面の筋群は、多くが股関節を伸展する作用を持った筋で、地面を後ろへ蹴る力を生み出します。すなわち速く走るスプリント動作におけるメインエンジンであるといえます。

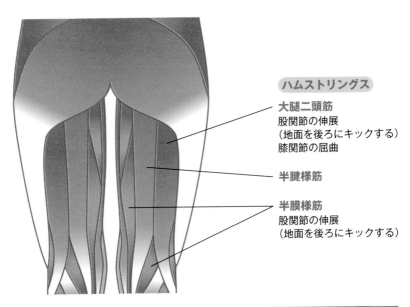

ハムストリングス

大腿二頭筋
股関節の伸展
（地面を後ろにキックする）
膝関節の屈曲

半腱様筋

半膜様筋
股関節の伸展
（地面を後ろにキックする）

エンジンその１

ハムストリングス

スプリントにおいて、速いスピードで前へ体を進める最も重要な動きが、股関節の伸展（脚全体の後方へのスイング動作）です。その動きをつくり出す主役の筋肉の１つがハムストリングスとよばれる太腿（ふともも）の裏側の筋肉です。外側に大腿二頭筋、内側に半腱様筋、半膜様筋とよばれる筋があります。スプリントの重要なエンジンだけに、肉離れなどのケガも起こしやすい部位でもあります。

股関節の動き

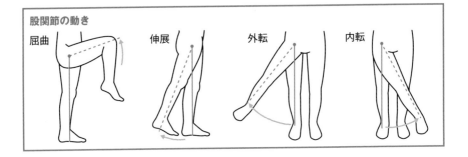

屈曲　　　　　伸展　　　　　外転　　　　　内転

大腿部前面　膝のロックと脚のシザース動作

大腿部には膝関節にかかわる筋肉、股関節にかかわる筋肉が混在しています。前面には大腿四頭筋とよばれる大きな筋肉があり、主に膝の伸展にかかわります。膝の伸展はブロッククリアランスや一次加速で大きな力を出すときに働き、また、トップスピードになったときには膝関節をロックするのに重要な役割を果たします。また内側には脚を挟み込むシザース動作に重要な内転筋群が存在します。

内転筋群
股関節の内転
股関節の伸展・屈曲（シザース動作）

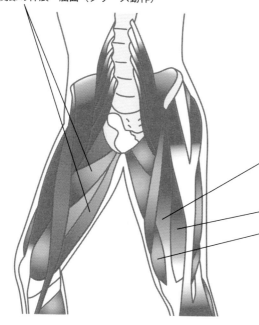

大腿四頭筋

大腿直筋
股関節の屈曲（腿を上げる）
膝関節の伸展（膝で地面を押す）

外側広筋

内側広筋

中間広筋
膝関節の伸展（膝で地面を押す）

シザース動作

　内転筋群は太腿の内側の筋肉ですが、その名の通り、開いた脚を内側に閉じる作用があります。それ以外にも、前に上げた太腿と、後ろに蹴った逆の太腿を挟み込むような動作（シザース動作）を主動的に行う筋でもあります。左右の脚を交互に入れ替えるスプリント動作にとってはとても重要な筋といえます。

膝のロック

　股関節の力やスピードを逃さずに地面に伝えるために、中間疾走付近では膝のロックがとても重要です。

骨盤周辺 スプリントを支える土台の部分

　骨盤は、両方の脚と体幹部をつなぐ部分であり、脚の土台だといえます。骨盤がしっかりとして安定していることが、脚で力強く地面をキックするために必要です。また、その土台部分をうまく調整したり、土台自体を動かしてあげることにより、より強力なパワーを生み出すことができます。骨盤周辺の筋群には、安定させることと、積極的に動かすことの2つの機能があるといえます。

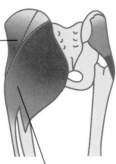

中臀筋
股関節外転

大臀筋
股関節伸展・外転

隠れた主役　中臀筋

　中臀筋は股関節を外転させる筋肉ですが、特に遊脚側の骨盤が下がるのを支持脚側の中臀筋が保持したり、骨盤の動きを使って、強く地面をとらえることを補助したりする、スプリントにとっても重要な役割を果たします。

エンジンその2　大臀筋

　股関節の伸展にかかわるわるもう1つの大きなエンジンが大臀筋です。お尻の筋肉です。ハムストリングスとともに脚全体を後方へスイングするのに活躍します。しっかりと大臀筋、お尻を使って地面をとらえて力を伝えることができると、より速く走れるようになります。

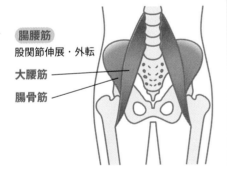

腸腰筋
股関節伸展・外転

大腰筋

腸骨筋

隠れたスプリントの主役

　腸腰筋は背骨（腰椎）もしくは骨盤から大腿の骨につながっている筋肉です。ハムストリングスや臀筋群が地面をとらえて加速するために重要な筋ですが、それと同時に、力強く後ろへキックした脚を、前に素早く引き戻す必要があります。腸腰筋はその股関節の引き戻しの主役です。トップスプリンターの腸腰筋が著しく発達していることが最近の研究で明らかになっています。

骨盤を動かそう（ヒップロック）

　脚を股関節から動かすイメージを持っている人は多いかもしれませんが、脚を骨盤から動かしてあげることで、より大きな動き、力強い動きを実践することができます。骨盤を取り巻く筋群の機能を理解して、自在に動かせるように意識しましょう。

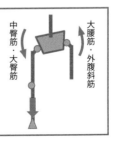

中臀筋・大臀筋

大腰筋・外腹斜筋

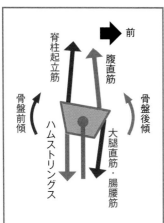

骨盤を安定させる筋群

　地面を力強くキックするためには、骨盤を安定させる必要があります。骨盤を横から見たとき、前に傾けたり（前傾）、後ろに傾けたり（後傾）することができますが、骨盤がちょうどよい角度になるように、前傾と後傾にかかわる筋群が調節しています。それぞれが十分に強くないと、安定した骨盤のポジションがつくられず、強いキックもできません。

体幹下部

骨盤を安定させる体幹深部筋

　走るのに最も重要なのは脚の筋肉ですが、それらを力強く働かせるためには、脚が上半身に接続している骨盤や体幹が安定している必要があります。体幹の筋群はそれらの安定にとても重要な役割を果たしています。

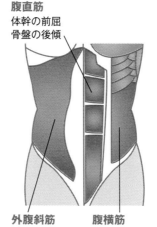

腹直筋
体幹の前屈
骨盤の後傾

外腹斜筋
内腹斜筋
（外腹斜筋の下）
体幹の側屈
骨盤の挙上

腹横筋
体幹の安定

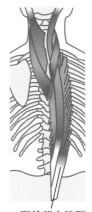

脊柱起立筋群
体幹の後屈
脊柱の安定
骨盤の前傾

体幹上部　腕振り動作

　体幹上部は肩や腕周りの筋肉です。脚を力強く動かすためには、肩甲骨などの肩周辺、上肢が力強く動いて（腕振り）バランスをとる必要があります。

僧帽筋
肩甲骨の挙上、下制

菱形筋（僧帽筋の下）
肩甲骨を後方へ引く

上腕三頭筋
肩の内転
腕振りで肘を引く動作

広背筋
肩の内転
腕振りで肘を引く動作

背面

三角筋
肩の内外転、内外旋
腕を前後に振る動作

大胸筋
肩の内転
腕振りで腕を前に出す動作

上腕二頭筋
肘の屈曲

前面

トレーニングの原理と原則

トレーニングを行うと体に刺激が加わり、その刺激に対して体は適応しようとして強くなります。その結果、走るために必要な筋力がついたり、持久力が上がったりするのです。トレーニングの成果を効率よく上げるために、「トレーニングの原理・原則」というコツを知ったうえで練習を行いましょう。

トレーニングの4つの原理

1 過負荷の原理

過負荷とは、「負荷（刺激）が十分に大きい」という意味です。トレーニングによって体に負荷を与えると、いったん体力は下がります。負荷が適切ならば、体はもとの強さよりもさらに強いところまで回復します。これが「超回復」です。図1-8のように、トレーニングを継続的に行い、トレーニングと超回復を繰り返していくと、体力は高まっていきます。

2 可逆性の原理

トレーニングによって強くなっても、トレーニングをやめてしまうと体力はもとに戻ります。短期間で集中的にトレーニングした場合は、中断して体力が下がるときも短時間で落ちるといわれています。時間をかけてつくり上げた体力は、落ちるのも緩やか。トレーニングはコツコツ積み上げることが大切です。

3 特異性の原理

トレーニングをした種目、負荷の加わった体力だけが強くなります。必要な体力を見極め、適切なトレーニングで負荷を加えることが必要です。

4 適時性の原理

体は20歳くらいまでに成長し、体力もそれまでに徐々に高まります。ただし、図1-9のように体力要素によっては効果の出やすい時期が異なるため、成長のタイミングにトレーニング内容を合わせる

図1-8 トレーニングによる体力アップのしくみ

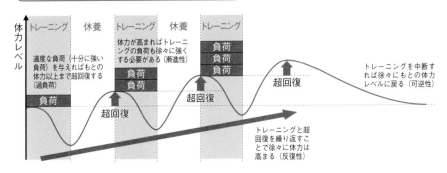

ことにより効果が出ます。小学校の中学年から高学年では脳・神経系が発達します。フォームや素早い動き、体のバランス感覚や巧みさを身につける技術的なトレーニングをする時期。中学生は持久的なトレーニングを行い、高校生以上で身長の伸びが緩やかになったところで、筋力を高めるトレーニングを始めましょう。

トレーニングの5原則

1 漸進性の原則

漸進とは、少しずつ進むという意味。最初はキツイと感じても、トレーニングを重ねていくと次第にラクになっていきます。トレーニングは適切な負荷を与えなければ効果は出ません。設定タイムやスピード、負荷、回数、セット数、休息時間を調整し、体力アップに合わせて少しずつ強度を高めていきましょう。

2 全面性の原則

「短距離にロングジョグなんて必要ない」「ウエイトは嫌い」など、トレーニングの「好き嫌い」をしていませんか？トレーニングも好きな練習ばかりしていてはよくありません。さまざまな体力要素をまんべんなく強化していきましょう。

3 意識性の原則

「どんな練習でどこの部位を鍛えているのか」「効果は何か」というように、きちんとトレーニングの目的を理解し、意識しながら行うことが大切です。言われるがまま、イヤイヤ練習する…。これではトレーニングも効果半減です。

4 個別性の原則

同じ練習をしても、人によって表れる効果は異なります。たとえすぐに結果が出なくても、人と比べて焦らないこと。多様な練習をするなかで試行錯誤をしながら、最終的に自分に適した「自分流トレーニング」をつくり上げましょう。

5 反復性の原則

練習はすぐに効果が出るものではありません。体力要素によっても異なりますが、おおよそ3ヵ月以上続けなければその効果が目に見えて表れることはないでしょう。すぐに「効果がない」とやめてしまっては、いつまでたっても練習の成果が積み上がりません。継続は力なり。根気強く、長く続けていきましょう。

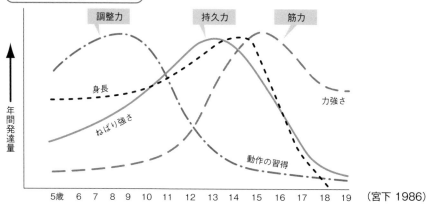

図 1-9 身長の伸びと適時性

調整力　持久力　筋力

身長

ねばり強さ

力強さ

動作の習得

年間発達量

5歳　6　7　8　9　10　11　12　13　14　15　16　17　18　19　（宮下 1986）

速く走るための力学法則

ニュートンの法則とは、17世紀にニュートンによって体系化された力学法則です。「短距離に関係あるの？」と思うかもしれませんが、人間の運動も、力学法則を無視しては働きません。逆に、力学法則を知っておくことで、どうやったら速く走れるかを理解しやすくなります。

ニュートンの３つの法則と重力加速度

　ニュートンの法則、人間の運動に限らず、すべての物体に働く力と、その結果として現れる運動やその変化の関係を説明したものです。ニュートンの法則には３つの法則があり、それぞれ慣性の法則（第１法則）、運動方程式 F = ma（第２法則）、作用・反作用（第３法則）とよばれています。

　スプリントに関して考えると、走るときは地面を押して走るわけですが、ニュートンの法則を理解すれば、どのように地面を押すと、その結果として体がどう動くか、ということが理解できます。

　また同時に、「重力」についての説明もします。スプリントを地球上で行う以上、地球がすべての物体に対して作用させている重力から逃れることはできません。重力はすべての物体を地球の中心へ向かって引っ張る「引力」という言葉でも表されますが、これはすべての物体を地球の中心へ向かって一定の加速度（9.81m/s²）で加速させている、と説明することができます。

　皆さんは知らぬうちにこの重力に抗して地面を押す（体を支える）力を出していますが、そうしなければ地面に向かって落下してしまいます。そう聞くと、走るのには邪魔な存在に聞こえますが、逆に考えると、地面に引き寄せられるので、地面を強く蹴ることができます。重力がなければうまく走れないのです。重力についても理解することで、どのようにそれを使って速く走ることにつなげるかがわかります。

　ここでは、はじめにそれぞれの法則について説明したうえで、後でスプリントやトレーニングにおいての具体例を交えて、これらの法則の説明をします。

力学法則を知ることでスプリントに関する考え方も大きく変わる

第1法則（慣性の法則）

力が加えられなければ、物体はその運動を維持し、止まっているものはその場にとどまり続けます。

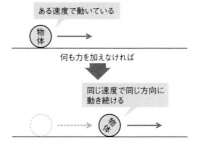

第2法則（運動方程式：F＝ma）

「力（F）＝質量（m：重さ）×加速度（a：速度の変化）」という式が成り立ちます。この式は、力がかかるとその大きさに比例して物体の速度が変化するということです。逆にいうと、物体の速度を変化させるには力が必要で、変化させないならば力は不要ということになります。

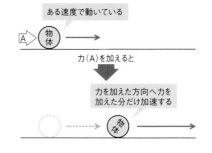

第3法則（作用・反作用）

AとBの2つの物体の間で、AからBに作用した力は、同じ大きさ、かつ逆方向にBからAにも作用します。

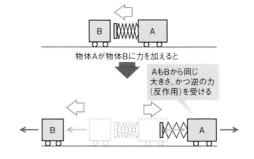

重力加速度

地球から受ける重力によって、下方向に常に加速している

脚で地面を踏ん張ることで地面に力を加え、下への加速を止めている（それを測定したものが体重）

支えていなければ下に向かって加速する（落下する）

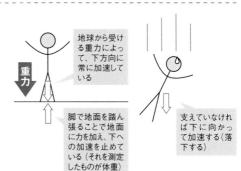

100mやトレーニングで考える力学法則

SET

腕と脚で地面やブロックに力を加えて体重を支えている　**重力加速度**

体重を支えるほかはどこへも力を出していないので、その場にとどまる　**慣性**

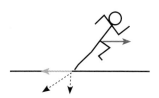

スタート直後

著しく速度が増加する（加速する）、つまり進行方向に大きな力を発揮している　**F=ma**

後ろ向きに地面を蹴っているので、その逆方向である前への速度が増加する　**作用・反作用**

重力は常に働いているので、後ろへ蹴るだけではなく、下方向へも蹴って重力に対抗している　**重力加速度**

押し
返される

蹴るから

加速局面

地面を蹴るから逆方向に押し返される
作用・反作用

重心が加速する

押し返されるから

押し返された力を受けることによって、その方向に加速する　**F=ma**

力を受けなければ
速度は持続する

ただし、重力で落下
（下に加速）する

トップスピード

トップスピードではブレーキをかけなければその速度が維持できる（空気抵抗を無視すると）　**作用・反作用**

トップスピードの
最中も落下しない
ように下向きに押
し返す必要がある

ただし常に落下しているため、その分、地面を真下に押さなければならない　**重力加速度**

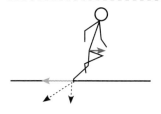

トップスピードに近づくと、加速度は小さくなり、加速するための力は小さくなる
F=ma

重さ（重りと体重の合計）

$$F = m \times g$$

力　　　重力加速度（9.81m/s²）

スクワット

スクワットでウエイトを担ぐとき、ウエイトは重力により下方向へ加速するため、その分、体がウエイトに上方向に力を加えることで支えることができる **重力加速度**

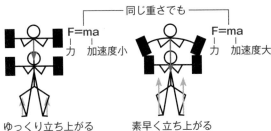

同じ重さでも

$F = ma$　力　加速度小

$F = ma$　力　加速度大

ゆっくり立ち上がる（小さな加速度）よりも

素早く立ち上がる（大きな加速度）方が大きな力を発揮している

ウエイトトレーニングやメディシンボールなどを使うトレーニングでは、重さだけでなく、その重さをどれだけ素早く動かすか（加速させるか）によって力の大きさが異なる　**F=ma**

空中時は重心は放物線を描く

地面をキックして離れると、一定の速度で前に進みながら上向きの速度で徐々に上昇するが、少しずつ減速（下向きに加速）し、頂点を過ぎると下向きの速度となり、徐々に加速して地面に再び落下する

空中

走っているときの空中期はどこへも力を出したり、受けたりすることができないので、地面に向かって加速（落下）し、放物線を描く　**重力加速度**

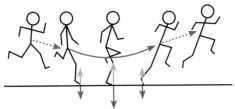

素早く立ち上がる（大きな加速度）方が大きな力を発揮している

ジャンプ

ジャンプのトレーニングは、重力に逆らって短時間で地面を押し返すことによって体に負荷をかける方法である　**重力加速度**

走る際、地面を蹴った反作用を受け取ることによって前に進みます。このときに働く力は、水平方向への力（水平の力：Ａ・Ｂ）と垂直方向への力（垂直の力：Ｖ）との２つに分けて考えることができます。

着地

着地点から斜め後ろへ向かって反力を受けます。

重心を減速させるので、減速局面とよばれたりしますが、同時にアキレス腱や腓腹筋などの足関節底屈筋群や、膝伸展筋群を引き伸ばし、弾性エネルギーを蓄える局面でもあり、パワフルなキックをするのにとても重要なフェーズです。

中間

着地点には斜め後ろへ向かって反力は、支持期のおよそ中央で真上への向きになります。このあたりで最も反力自体は大きくなります。

特に中間疾走では、0.1秒ほどの接地時間内に体を弾ませなければならず、短時間で大きな力発揮が必要になります。

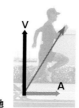

離地

支持期中間点を過ぎると、反力のベクトルは進行方向へ倒れてきます。この前向きの力が推進力となり、重心が加速します。

ただし、この力は脚で積極的にキックするというより、減速局面で蓄えた弾性エネルギーでキックしてくれます。無理にここでキックしようとすると、脚が後ろへ流れてしまいます。

スピードの変化と水平・垂直の力

レース中、２つの力はどのように働いているのでしょうか。図 1-12 は、スタート後からトップスピードまでの１歩の中での水平の力（Ａ・Ｂ）と垂直の力（Ｖ）の変化を簡単に表したものです。

① 水平の力

筋肉は、収縮する速度がゆっくりのときは大きな力を出しやすく、速くなると力を出しにくくなるという性質があります（図 1-10）。走るときも筋肉が力を出しているので当然同じしくみが働きます（図 1-11）。スピードが遅いときには地面にしっかりと力を伝えられ、大きく加速します。スピードが徐々に速くなれば力を出しにくくなり、加速の度合いが小

さくなります。ある速度になってそれ以上加速できるだけの水平の力（Ｂに対してのＡ）が出せなくなったとき、加速が止まります。その速度がその人のトップスピードと考えられるのです。

② 垂直の力

垂直の力は、主に自分の体重を支える力ということです。局面ごとにどう変化しているのでしょうか（図 1-12）。「１次加速局面」で低速度のときは、接地時間が長く、十分に自分の体重を支えられます。速度が上がると徐々に接地時間は短くなり、「２次加速局面」では体重を短時間で支えるためより大きな力が必要に。さらに「トップスピード局面」では、接地時間が限界まで短くなるなかで体重を支えるため、一瞬で非常に大きな

力を地面に伝えなくてはなりません。仮にもっとスピードが上がった場合、接地時間をさらに短縮しなければなりませんが、その時間では十分に体重を支えられず、次の1歩で重心が下がりブレーキがかかってしまいます。つまり接地時間の限界がトップスピードを制限する大きな要因の1つといえます。軸で地面をとらえる練習、バネを強化する練習などは、接地時間を短縮して、トップスピードを高める練習なのです。

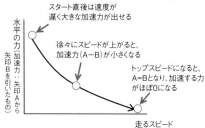

図 1-10 筋の収縮力と収縮速度との関係

収縮速度が遅いときは大きな力が出せる

収縮速度が速いときは力を出しにくい

筋が縮む速さ

図 1-11 水平の力（加速力）と走速度との関係

スタート直後は速度が遅く大きな加速力が出せる

徐々にスピードが上がると、加速力（A－B）が小さくなる

トップスピードになると、A＝Bとなり、加速する力がほぼ0になる

走るスピード

図 1-12 走速度と垂直の力（体重を支える力）、接地時間との関係

| 1次加速局面 | 2次加速局面 | トップスピード局面 |

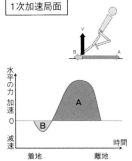

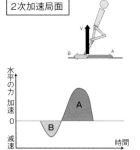

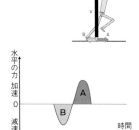

Bより Aの方がかなり大きく、その分1歩で大幅に加速。Vはあまり大きくない。接地時間は長い

Aが徐々に減りBが大きくなって、1歩での加速量が減少。接地時間が短くなり、Vも大きくなる

接地時間が短くなり、その分Vが非常に大きくなる。AとBは小さくほぼ同等で、速度は一定に

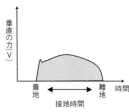

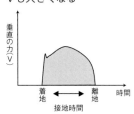

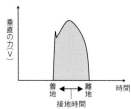

接地時間が長く、グラフは横長になる。時間がある分、小さな力でも十分に体重を支えられる

徐々に接地時間が短くなる。短時間で体重を支えるために垂直の力が増え、グラフに高さが出る

接地時間が非常に短くなり、グラフが縦長になる。体重を支えるため大きな力が必要

ピッチとストライド

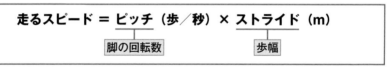

走るスピード ＝ ピッチ（歩／秒）× ストライド（m）

　　　　　　　　脚の回転数　　　　　　　歩幅

ピッチとストライドは、上記のような関係式で表されます。つまり、ピッチを上げストライドを広げるほど、走るスピードは速くなるのです。短距離であれ長距離であれ、「速く走るには、ピッチもしくはストライドを大きくすればよい」と、とてもシンプルに考えることができます。速く走るトレーニングは、ピッチとストライドを大きくするための方法といっていいでしょう。しかし、それを実現するのはなかなか難しいこと。まずは、ピッチとストライドがどのようなものかを説明します。

ピッチとストライドは
シーソーの関係

　走るスピードは、「ピッチ×ストライド」で求められます。「ピッチ」とは、1秒あたりの歩数のこと。「ストライド」とは、1歩で進める距離、つまり歩幅です。速く走るには、ピッチを上げるか、スト

ライドを大きくすることで実現できます。しかし、例えば三段跳の選手のように1歩を極端に大きくしたらどうなるでしょうか？　ピッチは著しく下がり、かえってスピードが低下してしまうことに。逆に、無理に脚を回転させてピッチを高めても、チョコチョコ走るようになりストライドが犠牲になります。ピッチとスト

図 1-13 トップ選手のピッチとストライド

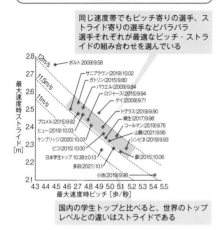

同じ速度帯でもピッチ寄りの選手、ストライド寄りの選手などバラバラ選手それぞれが最適なピッチ・ストライドの組み合わせを選んでいる

国内の学生トップと比べると、世界のトップレベルとの違いはストライドである

図 1-14 ピッチ・ストライドと記録の関係

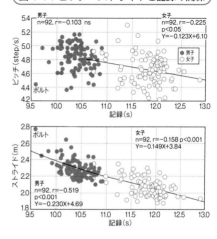

ライドは、一方を上げようとすると、もう一方が下がってしまう、シーソーのような関係であることを理解しましょう。一方が犠牲にならないようにしながら、もう一方を高める必要があるのです。

ピッチとストライドの選び方は人それぞれ

　速く走る人はピッチとストライドのいずれか、または両方が大きいはずですが、

実際にはどのようなピッチとストライドで走っているのでしょうか。左ページにグラフを示しました。

　2023年現在、10年以上経ってもまだ世界記録を保持しているボルト選手のストライドは2m75にもなります（図1-13）。196cmの大きな体から繰り出される広いストライドが彼の武器です。そのほかのデータも見てみましょう。男子を見ると、9秒台や10秒前半の選手

ピッチとストライドを分析する

　試合で撮ったビデオを見返して走りを分析する際、ピッチとストライドの客観的な数字を導き出して、練習の方向性を決めるのに役立てよう。

　まず、100mの総歩数（スタートしてから何歩でゴールしたか）を数える。最後の1歩がちょうど100mのラインにつくとは限らないので、1歩の4分の1程度の目分量で最後の1歩を数えよう。平均ストライドは、「100÷総歩数」で求められる。次に、100mの平均ス

ピード（100÷記録）を求めよう。ピッチは、ピッチ×ストライド＝スピードの式を用いて、「平均スピード÷平均ストライド」で求めることができる。

　たくさんの試合を分析して、ピッチとストライドのグラフをつくってみよう。記録がよかったときどうだったのか、記録はどうやって高まってきているのかなどが見えてくるはず。さらに、記録を上げるにはどうしたらいいかという課題を見つけるのにも役立つだろう。

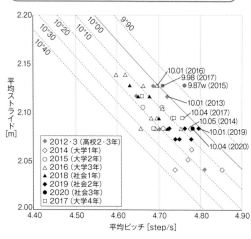

図1-15 桐生祥秀選手のピッチ・ストライドの変遷

図1-15は桐生祥秀選手の高校2年次から大学を経て、その後社会人で走った主なレースのピッチとストライド（100m全体の平均値）を表している。年によってピッチに寄っている年（2014年）やストライドに寄っている年（2016年）があり、一様ではない。ピッチやストライドを変化させながら記録の向上を目指している。ピッチが武器の桐生選手だが、ストライドが伴ったとき、日本人初の9秒台（9秒98）や、追い風参考での9秒87をマークした。このようにピッチとストライドを分析することで、自分のパフォーマンスを上げるためのトレーニングの方向性を決める資料となる。

を見ても、ピッチとストライドはさまざまです。男女全体にいえることは、同じような記録の選手でも、ピッチとストライドの選び方はさまざまで、ピッチ型の選手、ストライド型の選手がいるのがわかります。全体的な傾向としては、男子はストライドと記録に、女子はそのどちらにも統計的な相関がありますが、ばらつきは大きく、どちらを優先させた方がいいということは、一概にはいえません。別の図を見ても、同じ速度帯（秒速11.5~12m/s）の男子世界トップレベルの選手のピッチとストライドはバラバラで、それぞれが適切なピッチ・ストラ

イドを選んでいることがわかります。それぞれの選手に備わった筋力や体格によって、ベストのピッチとストライドを選択するべきということがいえるでしょう。ただし、国内の学生トップ選手と世界のトップを比べると、ストライドの違いがパフォーマンスの違いになっている（一部例外あり）ことがわかります。長期的にパフォーマンスを高めるには、ストライドを伸ばすことは必要だということですね。

ピッチを上げるには

　ピッチとは、脚の回転数ですから、脚

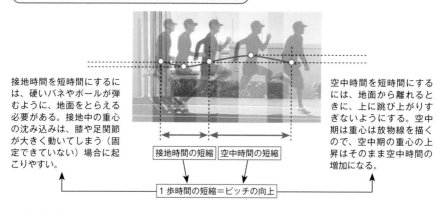

図 1-16 ピッチは重心の上下動の大きさで決まる

接地時間を短時間にするには、硬いバネやボールが弾むように、地面をとらえる必要がある。接地中の重心の沈み込みは、膝や足関節が大きく動いてしまう（固定できていない）場合に起こりやすい。

空中時間を短時間にするには、地面から離れるときに、上に跳び上がりすぎないようにする。空中期は重心は放物線を描くので、空中期の重心の上昇はそのまま空中時間の増加になる。

接地時間の短縮　空中時間の短縮

1 歩時間の短縮＝ピッチの向上

接地時間を短くするには

　硬いバネが弾むような、もしくは、硬いゴムボールが回転しながら弾むようなイメージを持ち、短時間でしっかりと地面をとらえるように意識します。足首や膝がしっかり固定されることが大切です。また同時に、ストライドが短くならないように、短くなる接地時間で大きな力を地面に伝える必要があります。接地しているときに脚のバネを硬くし、しっかりと地面をとらえる意識で接地しましょう。

空中時間を短くするには

　地面を蹴りすぎたり、腿を高く上げすぎたりして重心が上下してしまうと、空中に体が投げ出され空中時間が延びてしまいます。重心を水平、もしくは前方斜め下方向へ落とし込むようにしましょう。空中時間はストライドにも影響するので、同時にストライドを犠牲にしないよう意識することが必要です。

を素早くたくさん回転させることができるとピッチが上がるということが容易に想像できると思います。ピッチは「1秒間に何歩走れるか」ですから、1歩にかかる時間が短ければピッチは上がります。1歩にかかる時間は、足が地面に着いている「接地時間」と、空中に浮かんでいる時間「空中時間」を足した時間です。つまり、接地時間、または空中時間が短くなれば、ピッチが上がるのです。ですが、ただピッチを上げることで、それが速く走ることにつながるでしょうか。素早くチョコチョコと脚を回しても、ストライドが大幅に短くなってしまって

は、走るスピードは高まりません。ピッチを上げることを、ストライドの犠牲を最小限にしながら達成することがとても重要になります。

　ピッチを高くするには1歩にかかる時間を短くすること、すなわち接地時間や空中時間を短縮することが必要であることはわかったと思います。ではそれをどのように実現したらいいのでしょうか。

　図1-16はトップスピード時の1歩の重心の動きを表しています。接地期には重心は少し下がり、空中期には空中に投げ出されて少し上昇します。この上下動がピッチの正体です。上下動が大きけれ

図1-17 ストライドの大きさは接地中の移動距離と跳び出す角度で決まる

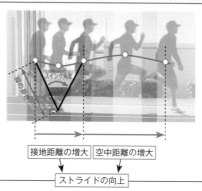

接地距離は脚の長さとスイング角度で決まる。膝や足首が動くことは股関節の伸展角度が地面に伝わらずロスになる。
膝と足首のロックが大切。

スイング角度

脚の長さ

接地距離の増大　空中距離の増大

ストライドの向上

空中では重心は放物線を描く。
地面から跳び出した瞬間にすでに空中距離は決まっている。
跳び上がりすぎず、前に大きく移動することでピッチと両立できる。

接地距離を大きくするには

　特にトップスピードでより大きな接地距離を得ようとするときは、股関節の伸展を効率よく地面に伝えることが重要です。膝や足首で地面をキックしようとすると、股関節の伸展を吸収してしまい、接地距離が小さくなってしまいます。トップスピードでは、膝と足首をロックし、股関節の伸展をもれなく地面に伝えられるように意識しましょう。

空中距離を大きくするには

　空中にいる間は、どこにも力を伝えることができません。ですから、空中距離の拡大のためにも、接地中にしっかりと地面からの力を受け取ることが大切になります。速く走ればそれだけ接地時間が短くなってしまいます。接地時間が短くなると、接地中に地面に力を出して、その反力を受け取るチャンスも短くなります。短い時間に大きな力を出すために、タイミングよく地面からの力をキャッチする必要があります。また体の軸を意識し、硬いボールが弾むように地面をとらえて走りましょう。

ばピッチは下がり、小さければピッチは高まります。

　試しに、両脚で立った状態で連続ジャンプしてみましょう。一定のテンポでジャンプをしていて、そこからテンポ（ピッチ）を上げようとしてみてください。上下動が小さくなると思います。逆に上下動が大きなままでテンポを上げることはできないこともわかるかと思います。空中にいる間は、重心は「自由落下」の状態になるので、一度空中に投げ出されたら自分の意志で素早く地面に戻ることは物理的に不可能です。素早く地面に戻るには、高く跳ばないことしか方法はないのです。接地中はテンポを上げようとしたら、大きく沈み込んでいてはテンポは上げられません。沈み込みを小さくし、脚を「硬く」使って素早く地面から離れなければなりません。走っているときも同じで、ピッチを上げようとするときは、空中に高く跳び上がらないことと、接地中に沈み込まないことの2つが必要であるといえます。

ストライドを大きくする

　ストライドを広げるには、「腿を上げる」「股関節を大きく開く」「地面を後ろまでしっかりキックする」という意識を持ってしまいがちです。しかし、これは必ずしも正しい走り方ではありません。歩行なら、股関節の開きがそのままストライド（歩幅）に反映されます。しかし、走っている場合のストライドは、地面に足が着いている間に重心が進む「接地距離」と、空中で進む「空中距離」の合計で決まります（図1-17）。ストライドを大きくするには「接地距離と空中距離を

伸ばす」と考えましょう。

　接地距離は脚の長さとスイング角度で決まります。スイング角度は股関節が接地中に伸展しながら地面を押すためにキックする角度ともいえますが、そのときに膝関節や足関節が動いてしまうと、股関節の伸展を打ち消してしまう場合があります。キック中に膝や足首が動くことは、トップスピードにマイナスに働くことがわかっています。膝と足首をしっかりロックして、股関節の伸展を地面に伝えることが大切です。

　空中距離は空中にいる間に進む距離のことですが、この間は空気抵抗以外、外に力を出すことはできません。すなわち、投げたボールと同様に、投げた瞬間の速度、方向によって次の着地の場所はほぼ決定します。空中距離を単に伸ばすには、やや上の方向にジャンプするように重心を投げ出せばよいのですが、それでは三段跳のようにストライドは伸びてもピッチが大きく下がってしまい、速度は上がりません。空中距離は上に跳ね上がりすぎずに遠くに移動する必要があります。

疾走速度とピッチと
ストライドの関係

　ジョギングくらいのスピードから、流し、最大スピードというようにスピードを徐々に上げた場合、ピッチとストライドはどのように変化するでしょうか。

　図1-18を見ると、最大速度の60％前後まで、疾走速度を上げるとピッチ、ストライド両方が大きくなります。そしてさらにスピードを上げると、ストライドはあまり変化せず、ピッチの増加によってスピードを高めていることがわかります。

　トップスピード付近では、ストライドはほぼ限界に近づき、ピッチを上げることが速度アップにつながっていることがわかります。では、もっと速く走るにはどうしたらいいのでしょうか？　このピッチ・ストライドの関係からは、ピッチを高めることが速度アップにつながると推測できます。

　図1-19は男子選手において、疾走速度にピッチとストライド、さらにその要素である接地時間と空中時間、接地距離と空中距離がどのような関係にあるかを示したものです。疾走速度はストライドが大きいほど速いことが統計的にわかりました。前述の学生トップと世界トップの比較でも、同様の傾向について解説しましたね。また、ストライドは空中距離との相関が高く、ストライドが大きい人

は空中でより大きく進んでいることがわかります。また、ピッチは空中時間と負の相関関係にあり、つまり、空中時間が短い人ほどピッチが高いという傾向がみられました。

　つまり、長期的な視点で見た場合、疾走スピードの向上はストライドを大きくすることで達成する必要があることを意味しています。また、そのストライドの向上は、接地中の移動より空中での移動距離を大きくすることが必要であるということになります。空中での移動距離を長くするには、速度が高まって接地時間が短くなっても、十分に長い空中時間を確保する必要があり、そのためには短い接地中に地面をしっかりとらえて力を加え、その反力を受け取ることが重要だといえます。

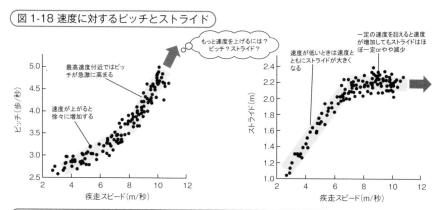

図1-18 速度に対するピッチとストライド

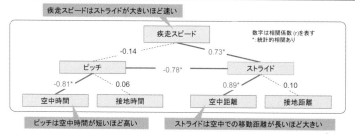

図1-19 疾走スピードとピッチ・ストライド、接地・空中の距離と時間の関係

(Hunter et. al. 2004)

スプリントの動作

より速いスピードで、より短時間にゴールに到達するための正しいフォームを理解しましょう。スプリントフォームを局面分けし、スティックピクチャーを用いた図で疾走スピードと動作の関係を確認します。

速く走るフォームとは

スプリントパフォーマンスを高めるうえで、フォームが大切だということは選手も指導者も理解していると思います。スプリント種目が「どれだけ短い時間でゴールに到達するか」というスピードを競う以上、その正しいフォームというのは、速いスピードで、より短時間にゴールに到達することができるフォームといういことになります。

しかし、速く走る選手たちも同じように動いているのではなく、それぞれ特徴を持ったフォームをしています。体の大きさや筋力、腱などのバネの特性など、人それぞれ異なりますから、フォームが違うのは当然です。その共通点を見つけ出すことや、速い選手とあまり速くない選手を比較することで、正しいフォームを見つけることができます。

図 1-20 スプリントの 1 サイクル

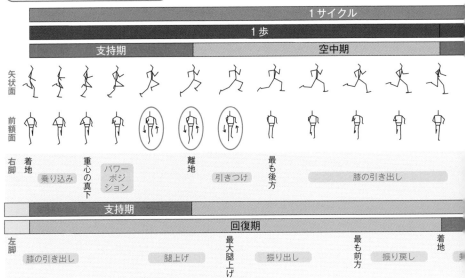

スプリントのフォームを局面分けする

スプリントを行うとき、手足を交互に動かし、同じ動作を繰り返して前に進みます。右足の着地を基点に考えると、右足着地→右足離地→左足着地→左足離地→右足着地で1連の動作が終わり、また同じ動作が繰り返されます。これを「1サイクル」とよびます（図1-20）。

スプリント動作を数値化する

同図のようなスティックピクチャーでは、足は足部（つま先からかかと）、下腿（くるぶしから膝）、大腿（膝から股関節）など、それぞれのパーツの両端起点とする線分で表します。そうすることにより、それぞれの関節の角度も算出でき、その動きを数値化することができます。数値化することで、選手同士を比較したり、パフォーマンスに関連する動作を統計的に見つけたりすることができます。

スプリントの動作とパフォーマンスの関係

図1-21、1-22は、スプリントパフォーマンス（疾走速度）と動作（下肢関節の角度や角速度）との関係を表しています。

● 支持脚の動作「膝と足首をロックして、脚全体を振る」

地面に足が接しているときの接している側の脚を支持脚といいます。支持脚の動きとパフォーマンスの関係（図1-21）を見ると、いくつかのことがわかります。

スプリント中、地面を蹴ることで前に進むことができるのは容易に想像できます。例えば垂直跳びをする場合、足首や膝を使って跳び上がりますが、それと同じようにスプリントでも足首や膝を使って蹴りたくなると思います。しかし図1-21 B、Cを見ると、速く走っている人ほど、足首や膝の関節で蹴る速度は小さ

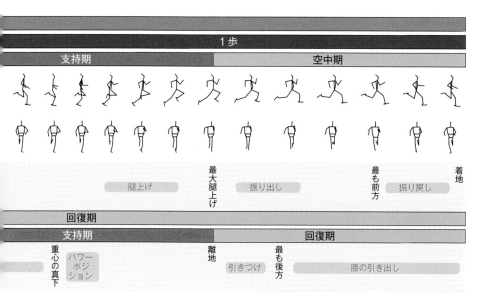

1歩	
支持期	空中期

腿上げ　最大腿上げ　振り出し　最も前方　振り戻し　着地

回復期

支持期　　　　　　　　　　　　　回復期

重心の真下　パワーポジション　離地　引きつけ　最も後方　膝の引き出し

37

いことがわかります。膝の場合は男子のトップ選手は速度ゼロ付近、すなわち足首を動かしません。膝を固定することによって、股関節の伸展動作が脚全体を振る動作となり、股関節の作用を地面に伝えることができます（図1-21 D）。

● 回復脚の動作「『腿上げ』は、『高さ』ではなくて『速さ』」

回復脚（後ろに蹴った脚を前に引き戻す動作）の動作はどうでしょうか。「腿上げ」というドリルやトレーニングはしばしば行われていますが、その腿上げの高さ（図1-22 A）は実は疾走スピードとは関係ありません。腿を高く上げることが速く走ることにつながらないことを意味します。では「腿上げ」は無駄なトレーニングか、というとそうではありません。腿上げ（股関節の屈曲）をする速度は速い選手ほど大きいことがわかります（図1-22 D）。すなわち「腿上げ」は高く上げることが重要なのではなく、素早く前へ引き戻す速度が重要であること

がわかります。

また、大きな動きをするために足を前に振り出したり（図1-22 C）、素早く膝を折りたたむような動作（図1-22 E）は疾走速度にはあまり効いてこないようです。膝の折りたたみ角度（図1-22 B）は、むしろ速い選手ほど甘い（膝が開いている）ことがわかります。

一方で前に振り出した脚を、接地位置に向かって引き戻す速さ（図1-22 G）は疾走速度が大きいほど速いことがわかります。前述のようにその後に続く、支持脚全体を振る動作につながる動作で、接地する前から速い速度で脚全体を振る動作が必要であるということです。

回復脚、支持脚両方で考えると、後方へ脚全体を振る動作と、前へ腿を上げる引き上げ動作のそれぞれの速度が重要であるということは、2つの脚をハサミのように挟み込むシザース動作がとても重要であるということがわかります。

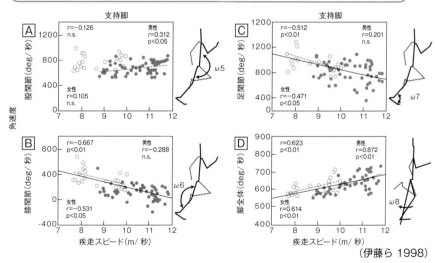

図1-21 支持脚における疾走スピードと下肢関節角速度および脚全体の角速度の関係

（伊藤ら 1998）

動きは三次元的にとらえよう

　動作を考えるときに、スプリントは一つの方向へ走るため、横から見た動き（矢状面上の動作）が重要であることは間違いありませんが、実際は人間の体は立体的であり、三次元的に動いています。ですので、矢状面上の動作だけでなく、前から見た動き（前額面上の動作）も重要です。

　図1-20のスティックピクチャーは矢状面上のものと合わせて、同じタイミングの前額面上のものも表示しています。前述のシザース動作をするタイミングで、前額面上では支持脚を支点に回復脚側の腰を引き上げる動作をしています（図1-20の丸囲み）。この動きがあることで、支持脚側の骨盤が支持脚全体を押し下げるような作用をもたらします。接地時間は速く走るほど短縮し、短いチャンスのなかで大きな力を発揮する必要がありますが、この一見小さく見える動きは、接地中の力にとても大きな影響を与えている可能性があります。

　その他、肩や体幹なども三次元的に動きます。動作を確認するときは一面からだけでなく、多方向から動きの確認をすることがとても大切です。

図 1-22 回復脚における疾走スピードと各局面の下肢関節の角度および角速度の関係

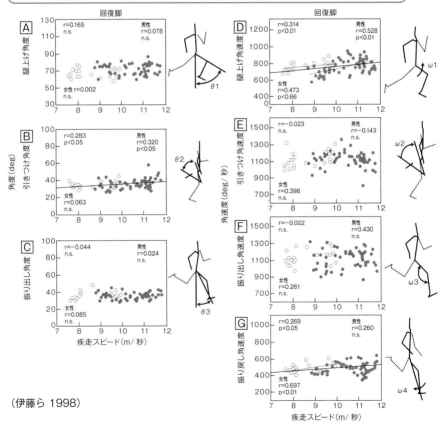

（伊藤ら 1998）

COLUMN

「力」を「見る」＝動作を力で考える

PART1 ではスプリントについての基礎的な知識について説明しました。スプリントの歴史から始まり、生理学、解剖学、トレーニング科学、物理学（力学）、ピッチとストライド、そして動作について説明しましたが、皆さんが普段トレーニングで意識していることはそのなかのどれでしょうか？

おそらく最も多い回答は、「動作」だと思います。スプリント種目、速く走ることにとって、どういう動作で走るかということは、とても重要であり、皆さんもそれをわかっていて、コーチから、「もっと腿を高く上げようか」とか、「腕振りをもう少し肩を下げて大きく振ろう」とか、そういったアドバイスを受けることもあるでしょうし、いつもどのように動いているかをビデオで確認したりしているでしょう。

では速く走ることができる動作をつくり上げるには、どうしたらいいでしょうか？

おそらくビデオで見た自分の動きから、修正する部分を見つけて、それを実現できるように動きを調整すると思います。ただ、目指すような動きになったとしても、速く走ることにつながらなければ意味がありません。とてもきれいな走り方でも、速く走ることにつながらなければ意味がありません。

大切なのは、その動作をつくり出している原因は力であるということです。例えば「もっと腿を上げよう」としたとき、腿が上がっている状態というのは、その直前に、腿を上げる筋肉が力を発揮し、腿を上に加速させるので、結果として腿が上がっているということです。つまり動作を考えるときに、どこにどのような力をどのタイミングで出すか（場合によっては力を抜くか）をイメージできることが大切です。

さらにその動作が原因となって、結果的にどのように外に向かう力につながっているか、ということも重要です。腿を上げる（加速させる）から、その反動で地面を蹴る力が生まれ、それによって速く走れるというように、その動作が速く走るための力の原因になる必要があります。

ビデオで動作を見るときは、その動作がどのような力によって生み出されているか、また、その動作をすることで、どのような力が外（地面）に向かって発揮されて、それが速く走ることにつながっているか、を考えましょう。ビデオを通じて「力」を「見る」ことができるようになったら、速く走ることに必ず役に立ちます。

図 1-23 動作を生じる力＆生まれる力

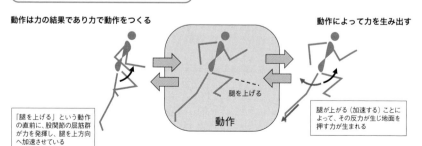

動作は力の結果であり力で動作をつくる

動作によって力を生み出す

腿を上げる

動作

「腿を上げる」という動作の直前に、股関節の屈筋群が力を発揮し、腿を上方向へ加速させている

腿が上がる（加速する）ことによって、その反力が生じ地面を押す力が生まれる

PART2

スプリントの
テクニック

スプリント種目（100m、200m、400m）に
共通する走りのテクニックや、
各種目別、局面別の走りの
テクニックの紹介です。
「レースをどのように走ったらいいか」を
解説します。

正しい姿勢

「正しい姿勢」は走りの基本です。よく「軸」という表現をしますが、体をしっかりとした「柱」のようにすることを意味します。また、足首、膝をロックし、「バネ」のように使うことも同時に意識しましょう。この「軸」と「バネ」で、下から返ってきた力を受け止めて弾む感覚を身につけましょう。

「軸」をつくる、正しい立位姿勢

　走るためには脚で地面を蹴る必要があることはわかると思いますが、裏を返すと、地面を蹴るしか前に進む方法はありません。つまり走ることは地面をどううまく使うか、ということもできます。地面を蹴れば、その反力（P28）を受けることができます。それにより、体がその方向に加速するわけですが、このとき、体がぐにゃぐにゃだったり、歪んでいたりしたら、その力を受け取ることができなかったり、進む方向以外の方向へ力を逃してしまいます。ですので、ここでいう「正しい姿勢」というのは、地面から返ってきた力をしっかりと受け止めて、それを走る方向へ加速することや、一定の高さに重心を維持することに利用することができる姿勢であるといえます。

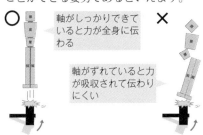

○ 軸がしっかりできていると力が全身に伝わる

× 軸がずれていると力が吸収されて伝わりにくい

両脚での基本姿勢

　背筋をまっすぐ伸ばし、頭、肩、腰（骨盤）、脚が一直線上に来るようにします。背中が丸まったり、胸が空を向いたり、横に歪んだりしないように意識しましょう。

　次に両脚でジャンプしてみましょう。その際は、脚は完全に伸ばし切った姿勢

　両脚立ち

　力の入りやすい姿勢

よりも、ほんの少し曲げた方が脚全体のバネを使いやすくなります。誰かが背中におぶさってくるのを待つような姿勢がちょうどいい脚の曲げ方です。その姿勢でジャンプし、体重を軸で受け止め、その反動で弾む感覚をつかみましょう。足首、膝をしっかりロックして脚全体が硬い「バネ」になるようにします。この「軸」と「バネ」がしっかりつくられていることにより、地面から返ってきた力をうまく受け取ってジャンプすることができます。

「軸」と「バネ」を2本に

　両脚を使って体を1本の軸にするイメージはできたかと思います。ですが、実際は左右の脚を交互に使って走ります。次に行うのは、片脚ずつでの軸、2本軸のイメージをつくります。

2本軸の基本姿勢

　片脚で立ち、同じ側の手をまっすぐ上に上げましょう。立っている脚と伸ばしている手でまっすぐの1本の柱、軸を意識してください。手のひらに重いものが乗っても支えられるような頑丈な柱をつくりましょう。

　次に両脚のときのように、ジャンプをしてみます。片脚立ちの状態で、上に伸ばした手でさらに高いものをつかもうとしてみてください。そうすると、自然と立っている側の骨盤は脚を地面の方向へ押し下げ、逆側の腰は少し上がります。このときにお尻の横の筋肉、中臀筋が働いているのを感じるはずです。片脚ジャンプをするときには、そのあたりの中臀筋を使って、骨盤で、脚越しに、地面をとらえるように意識してください。

両脚ジャンプ

片脚立ち

手を上げる側に1本の軸をつくるイメージ

高いものをつかむ

高い物をつかもうとすると、自然に骨盤が脚を押し下げ、地面をお尻で押さえられる

片脚でホップ

軸脚が硬くて強いバネであるようなイメージを持ち、骨盤で押し下げるようにバネを使って弾む

正しい歩き方と走り方

歩き方や走り方にはいろいろあります。きれいに見える歩きや走りもあれば、長い時間継続することのできる歩きや走りもあるでしょう。それぞれに「正しい」が存在すると思いますが、ここでいう「正しい」とは、より速く走ること、スプリントにつながるかどうか、ということになります。ここでは、より速く走ることにつながる、歩きや走りに共通するポイントについて説明します。

歩行からスプリントまで共通するポイント

　正しい姿勢、しっかりとした「軸」を身につけたら、ウォーキング、ジョギング、トップスピードへとスピードを上げていきましょう。スプリントで大事なのは、トップスピードでのフォームですが、そこにつながるウォーキングやジョギング、ランニング（流し）を軽視してはいけません。動作をコントロールしやすい速度のときこそ、トップスピードを意識した動きをつくる必要があります。

　また、「地面から骨盤や軸で力を受ける」ことと、「スイング脚をタイミングよく素早く前に引き出す」ことがウォーキングからスプリントまでに共通する要素です。この2つの要素を実現するために、いくつかのポイントがあります。それらのポイントに注意しながら、ウォーキングからジョギング、ランニング、スプリントと速度を上げて行きましょう。歩くときから走るとき、全力疾走に至るまで、すべてこのタイミングが重要になります。このタイミングにアクセントをつけるようにしてみてください。

共通するポイント

❶着地に向かって次の脚を振り下ろしがちですが、着地する脚の上に自分の腰を移動して乗り込んでいく意識で着地しましょう。

❷着地するタイミングで遊脚側の靴が支持脚のラインに追いつくようにします。遊脚と支持脚で三角を素早くつくるようにするといいでしょう。

❸着地直前にはつま先を上げ、かかとから入るように着地します。スピードが上がると実際はかかとから着地せず、足裏全体かややつま先側で着地します。

❹支持脚の足が体の真下を通り過ぎたら、すぐに前に引き出す意識を持ちます。引き出す足のかかとが膝を追いかけるように意識しましょう。

❺支持脚に乗り込むときに、地面を骨盤で踏む意識を持ちます。お尻の高い位置の筋肉（中臀筋）で踏みしめるようにしましょう。

※ P45の写真上の丸数字と対応しています。

ウォーキング

ウォーキング（歩き）では、支持脚が離地する前に次の支持脚が着地します。走りとは違うメカニズムで進みますが、速く走るために走りと共通するポイントを意識して歩きましょう。普段の生活で実施できますね。

着地前　　　着地　　　支持脚直立　　　離地　　　離地後

ジョギング

「走り」の中でいちばん速度がゆっくりなのがジョギングです。ゆっくりなので、タイミングを合わせる作業は簡単になります。ウォーミングアップなどでも最初にジョギングから始める人は多いと思いますが、常にスプリントを意識したタイミングを考えながら行いましょう。

流し

流しはフルスプリント（全力疾走）の80％から90％での走りです。全体的にリラックスしたフォームで、ゆったりとしたテンポで走ります。何気なく走るのではなく、タイミングを意識して実施しましょう。ウォーミングアップでのフォームの確認、全力疾走を始める前の準備運動、体調確認として行いましょう。

フルスプリント

フルスプリントとは、全力疾走のことです。全力疾走とは、文字通り自分が出せる最大のスピードで走ることなので、細かい動きをコントロールすることは非常に難しくなります。フルスプリントの段階では、動きのコツやタイミングなどがすでに整理されていて、最小限の注意で走れる状態が望ましいでしょう。複雑なことを考えるのではなく、タイミングよくアクセントをつけ、リラックスして走ることが大切です。後で動画でチェックするときに、ポイントの動きが実現できているか確認することが大切です。

100mのレースパターン

100mでは、スタートからゴールまで直線を走り抜けます。ただ一辺倒に「頑張って走る」のではなく、局面ごとにどう走るかという意識を持つことが、より速く走るために大切です。これを自転車のギヤチェンジにたとえて紹介します。

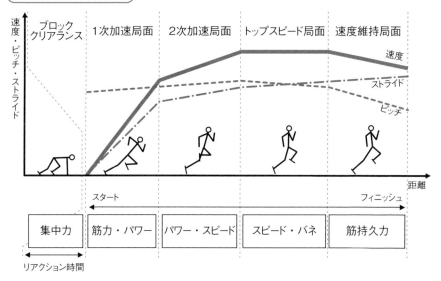

図 2-1 100m の局面分け

　自転車では、軽いギヤでは軽くて力が出しやすいためスピードを立ち上げやすく、重いギヤでは少ないペダルの回転数で大きく前進しスピードを持続しやすくなります。走るときも、このギヤチェンジのようにスピードに合わせて走り方を変化させましょう。ギヤごとに、100mを「局面」に分けて考えます。

　まず、「ブロッククリアランス」後20mまでの「1次加速局面」では、力を出しやすいローギヤの走りをします。

20 ～ 40mの「2次加速局面」では、パワーの出しやすいセカンドギヤで加速をしましょう。40 ～ 60mの「トップスピード局面」では、トップギヤで速度を最高地点にまで高めます。60 ～ 100mの「速度維持局面」では、トップギヤをキープするか、むしろニュートラルにして、ペダルを漕がなくても自転車がスーッと進むようなイメージで、フィニッシュまで駆け抜けましょう。

スムーズなギヤチェンジで効率的な走りを

1次加速局面	2次加速局面	トップスピード局面	速度維持局面
① **ローギヤ**	② **セカンドギヤ**	③ **トップギヤ**	④ **ニュートラルギヤ**
まずは膝と股関節を使って地面を押す。脚の前側の筋肉と後ろ側の筋肉の両方を使うよう意識。	ローギヤで使った前側の筋肉はあまり使わず、意識を裏腿やお尻など脚の後ろ側にチェンジ。	セカンドギヤからの脚の使い方を活かしつつ、脚さばきに注意。膝を挟み込むようにする。	トップギヤからのリズムを崩さないこと。とにかくリズムをキープしピッチを落とさない。

ブロッククリアランス
0m

「重心に近い腰や骨盤」を意識し、一気に重心を前に送り出す。号砲に早く反応することも大切。

1次加速局面
(ローギヤ)
0～20m

重心を前に倒しながら地面にしっかり力を加える
ローギヤでは重心を低く保ち、前傾しながら膝と股関節を使って地面を直線的にキックする。また、骨盤を挙上と下制を使って地面に力を加え、その反力をしっかり体の「軸」で受け取る。スピードが徐々に高まり、それにつれて体の前傾は徐々に立ってくる。

2次加速局面
(セカンドギヤ)
20～40m

膝・足首をロックしてお尻の筋肉で地面をとらえる
セカンドギヤではスピードはおよそ90%に達し、体は、ほぼ直立する。脚は足首と膝をロックして、全体を棒のようにし、お尻の筋肉を使って重心を前に進める感覚で地面をとらえよう。重心が高くなり過ぎると地面をとらえられなくなるので、浮き上がり過ぎないよう注意。

トップスピード局面
(トップギヤ)
40～60m

着地のタイミングでアクセント、地面を真下にとらえよう
トップギヤでは最高速度になる。これ以上加速できない速度に到達したら、無理に加速しようとせず、重心が落ちないように地面をとらえるようにする。地球の中心を押すように真下にとらえ、前に加速しようと後ろに蹴り過ぎないように注意。

速度維持局面
(トップギヤ・ニュートラル)
60～100m

リズムをキープし脚を回転
ここでスピードが落ちる主な原因はピッチの低下。ストライドを延ばそうとし過ぎるとピッチが落ちてかえってスピードが落ちることがある。ピッチが落ちないようリズムをキープし、力を入れないニュートラルギヤのような状態で体の前で円を描くように脚を回転させる。

フィニッシュ
100m

「ゴールより5m先」を意識し、スピードを落とさず、リズムを変えないように走り抜ける。フィニッシュ(上体を前に倒す)をしようとすると、力んでかえってスピードが落ちる場合があるので、あまり意識せず、駆け抜けるようなイメージを持つとよい。

ブロッククリアランス

「On Your Marks」から「Set」、ピストルの音とともに飛び出すところまでがブロッククリアランスです。特に100mにおいては勝敗を決めることもあるほど重要な局面です。

ブロックの置き方

動画▶

　ブロックを置く場合、いつも同じ置き方ができるように自分の方法を決めておきましょう。

①レーンの真ん中にブロックを置きます。レーンいっぱいに脚を広げて、ジャンプして脚をそろえます。両脚がそろったところが真ん中なので、そこにまっすぐブロックを配置しましょう。

ジャンプ

②スタートラインからブロックまでの位置は人それぞれですが、シューズ半分〜1足くらい離して置きます。

③ブロックの位置の測り方はさまざまありますが、シューズの大きさ（足長）、手のひら、指、拳などを用いて測るといいでしょう。メジャーを持ち込んで測るのもより正確でいいでしょう。

シューズの長さや手を使って

メジャーを利用

④ブロックの角度は前脚より後ろ脚の方が高く（急角度）なることが普通です。「Set」の姿勢ですねの部分がブロックの面に対して直角になるように角度を決めます。友達やコーチに見てもらったり、ビデオを撮影するなどして確認しましょう。

自分に合う「Set」の姿勢を探る

　ブロッククリアランスでは、スターティングブロックを両脚で押し蹴ることで前に加速します。ブロックに力を伝え

るメカニズムは大きく２つの要素があります。この２つの要素をブレンドすることでスタートの爆発力が生まれます。そのブレンドの割合は、筋力や体の特徴など自分に合わせて探っていきましょう。

●伸び上がり要素
「縮んだバネが一気に伸び上がる」ように、関節（股関節、膝）を伸展してブロックを押し蹴る要素です。

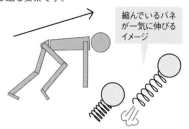

縮んでいるバネが一気に伸びるイメージ

●倒れ込み要素
「棒が前に倒れ込んでいく」ように、体を前に倒すことによって加速する力を生み出す要素です。

棒が前に倒れ込んでいくイメージ

1）伸び上がり要素多めブレンド
強い脚力、特に股関節と膝関節を伸ばす力が必要で、筋肉質の人向きです。特に前の膝を使ってブロックを蹴ります。膝が抜けないように、すねの角度が変化しないようにキックしましょう。後ろ脚は最初に少しブロックを押すだけで、すぐ前に引き出します。

2）倒れ込み要素多めブレンド
お尻を高く上げ、「棒が倒れ込んでいく」イメージのスタートです。倒れ込む力を利用してブロックを蹴り、重心を移動させます。「脚が長い」「後半のために力を温存したい」「筋力に自信がない」という人や、女子向き。

3）両方を意識したブレンド
１と２両方の特徴をかね備えた手法。「縮んだバネが、倒れながら伸びる」イメージです。

1次加速局面

動画▶

1次加速局面は、いわゆるスタートダッシュの場面です。パワフルな「ローギヤ」の走りでペースをつかみましょう。

加速姿勢は「力のバランス」がカギ

スタートダッシュでは、体が起き上がらないよう前に倒そうとしがちですが、前傾した分だけ速く前に進めるわけではありません。大切なのは、力のすべてを前に進むスピードに変えることです。

スタートダッシュの際には、2つの相反する力が働いています。1つ目は、地面をキックした反作用によって生じる、体が「起こされる力」。もう1つは、引力により地面に「倒れる力」です。起こされる力は地面を蹴ることによって働き、倒れる力は体を前傾させることに

よって生じます。この「起こされる力」と「倒れる力」のバランスが釣り合うところが最も加速しやすい姿勢なのです。

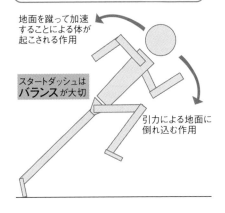

図 2-2 スタートダッシュ時の力の作用

地面を蹴って加速することによる体が起こされる作用

スタートダッシュは**バランス**が大切

引力による地面に倒れ込む作用

脚はZ形がⅠ形に変わるほどに股関節と膝で地面を押す

崩す

Z形

重心を前に崩すように適度に前傾

引き出す脚は巻き込まず、最短距離で前へ引き出す

着地したすねの角度はそのまま変化しない

パワー発揮時の脚の使い方

　1次加速局面では、パワーエンジンとなる筋肉を効果的に働かせ加速することがポイントになります。そのためには、パワーを発揮する図2-3のような脚の使い方をすることが重要です。

　まず、地面に着地するときは、膝と股関節が屈曲した状態でZ形に着地します。次に、すねの角度は変えずに、膝と股関節を伸ばして地面をキックします。最終的には、膝の延長線上に太腿が伸びるように、地面を後方へ押しましょう。上体を一直線の棒のようにするイメージで前傾し、地面からの反発を体の「軸」でしっかり受け取って、その力を前に進むパワーに変えます。このときのパワーエンジンとなる筋肉とは、前腿（大腿四頭筋）、お尻（大臀筋・中臀筋）、裏腿（ハムストリングス）などの筋肉です。

　また、骨盤を使って、キック力を補強する方法もあります。後ろ側から見たときに、キック脚の骨盤を体の軸の方向へ下げ、引き出している側の骨盤を、膝と一緒に進行方向へ押し出すことにより、その反力でキック力を高められます。難易度は高いですが、試してみてください。

図2-3 大きなパワーを出せるキック

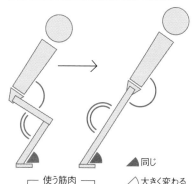

使う筋肉
・前腿
・お尻
・裏腿

▲ 同じ
△ 大きく変わる
△ 大きく変わる

POINT

● 「起こす力」と「倒れる力」のバランスがとれた前傾姿勢を保つ
● 大きな力を発揮する脚運びのために、前腿、お尻、裏腿の筋肉、さらにヒップロック（骨盤の挙上と下制）を使う

I形

下制　挙上

ヒップロック（骨盤の挙上・下制）によるキックの補強。中臀筋が作用している

2次加速局面

動画▶

100m走のパフォーマンスは、加速が鋭いこと、後半スピードが落ちないことなどの要素も多少影響しますが、「トップスピードがどれくらい速かったか」というのが最も大きく影響し、それでほぼすべて決まるといっても過言ではありません。そのトップスピードを決定づけるのが、その直前の場面である、2次加速局面であるといえます。大きな力発揮重視の1次加速局面のローギヤから、スピードアップ重視の「セカンドギヤ」に走り方を変える必要があります。

「地面から離れない」意識を

2次加速局面は、90%くらいにスピードが上がった状態からさらに加速していく、トップスピードを決定する重要な局面です。そのため、「短時間で、どれだけ地面に対して力を出せるか」がポイントになってきます。力を効率よく地面に伝えて、スピードを100%にまで高めましょう。

体は、前傾しすぎずに直立した状態になります。ただし、立ちすぎると体が浮き上がってしまい地面をしっかりとらえられません。胸の前に風船があるようにイメージし、それが飛んでしまわないような意識で少し前傾した状態で走り、しっかり地面をとらえましょう。

高く走ろうとしてしまうと、地面をとらえられず、加速できません。地面からの力をしっかり軸で受けられる高さ（低さ）に保って、地面をとらえながら加速しましょう。

ほぼ上体は直立するが、着地した脚に重心を乗せるように少し意識する

膝と足首をロックし、脚全体を1本の棒のようにして地面を後ろにドライブしよう

空中へ放り上げすぎず、斜め下方向に重心を投げ落とそう

速いスピードのなかでの加速方法

　2次加速局面では、スピードのなかでの加速を重視した右記のような脚の使い方を意識します。体が浮かないように少し前傾し、膝をロックして股関節を中心に脚を長い棒を回すように使って走りましょう。

　着地して地面を蹴るときにお尻の筋肉で地面をしっかりととらえることが大切です。膝の角度を変えず、股関節の伸展を大きく使って地面を押す意識で脚を動かし、腰を大きく前方に移動します。スピードエンジンとして働く筋肉は、お尻（大臀筋・中臀筋）と大腿部裏面（ハムストリングス）です。

　腕を振るときは、体が地面から浮いて力が逃げるのを防ぐため、脚に力がかかるよう意識します。その際、上に向かって振るのではなく、強く振ったときに下にかかる力を使い、「地面にへばりつくイメージ」で腕振りを行いましょう。

図2-4 膝をロックしたキック

△ 大きく変わる　△ 同じ

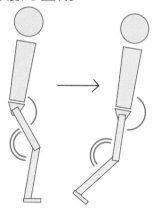

使う筋肉
・お尻
・裏腿

ADVICE
● 体を立て、地面から離れないようにしながら、少し前傾する意識を持つ
● 股関節の伸展、お尻と裏腿の筋肉を使い、地面を押す

次の着地に向かって積極的に重心に乗り込むように

お尻の高い位置で地面をとらえる

トップスピード～速度維持局面

トップスピード後、誰もが減速します。トップスピードをできるだけ維持し、大きく減速しない走りを探りましょう。

後半の遅れとトップスピード

　後半で抜かれてしまう原因には、「スピードを持続できない」ケースと、「トップスピードが遅い」ケースがあります。図 2-5 は 100m のスピード変化を、後半伸びる A と、後半遅れる B を例に示しました。出だしの速度の差は小さく、並んでいます。ところが、トップスピード付近から、A の方が B より高い速度に達し、2 者の差が広がります。A の方がスピードが速いため、差はどんどん広がり、後半 A が伸びて B は減速しているように見えるのです。この場合、B はスピードの持続力を高めるよりも、トップスピードを高めることが有効です。ポイントを押さえたトップギヤの走りを身につけましょう。

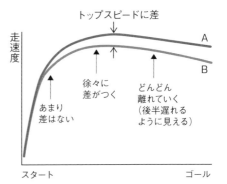

図 2-5 100m 間のスピードの変化

走速度

トップスピードに差

A

B

あまり差はない

徐々に差がつく

どんどん離れていく（後半遅れるように見える）

スタート　　　　　　ゴール

高い姿勢でリラックス、腕振りは肩を下げて

着地に向かって地面をとらえるポジションをつくろう

膝と足首をしっかりロックして、お尻の高い位置で地面をとらえよう

スピードを維持する脚の使い方

　トップギヤでは、接地時間が短く、短時間でしっかり地面をとらえることが大切です。着地のタイミングに合わせ、膝を挟み込むようにアクセントをつけます。膝はそろえるか、着地側の膝を後ろ脚の膝が追い越すように意識します（図2-7）。減速の主な原因は、疲労とオーバーストライドによるピッチの低下です。ストライドを伸ばそうと後ろにキックしたり、大きく走ったり、力みすぎたりしないようにしてスピードを維持しましょう。

図2-7 トップスピードでの動きのポイント

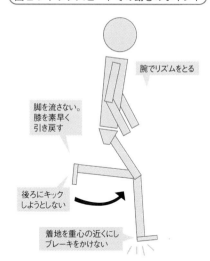

腕でリズムをとる

脚を流さない。
膝を素早く
引き戻す

後ろにキック
しようとしない

着地を重心の近くにし
ブレーキをかけない

図2-6 トップギヤの脚の使い方

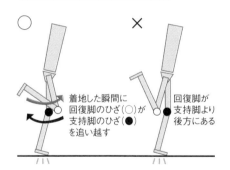

○　　　　　　　　×

着地した瞬間に
回復脚のひざ（○）が
支持脚のひざ（●）
を追い越す

回復脚が
支持脚より
後方にある

P O I N T

● 着地のタイミングに合わせ、膝を挟み込む
● とにかくリラックスしてリズムをキープし、ピッチを下げない

動画▶

膝、足首のロック、お尻で地面をとらえながら、逆脚の膝を前に引き出し、骨盤を引き上げるようにすることでキック脚を助ける

接地の後半は押すことよりも前への引き出しを意識

200mのレースパターン

100mと400mの中間的な要素を持つのが200mです。100mと同様にトップスピードの速さに加え、100m以上にスピードを維持する能力が求められます。言い換えれば、スピードを維持するために、より効率がよく無駄のない、スムーズな走りをすることが必要です。

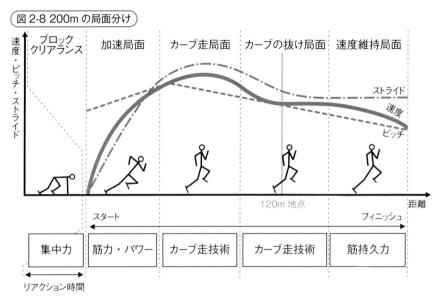

図2-8 200mの局面分け

200mは、120m地点（競技場による）まではカーブを走るので、前半（「ブロッククリアランス」〜「加速局面」〜「カーブ走局面」）は遠心力がかかります。その後、「カーブの抜け局面」で遠心力から解放され、後半の「速度維持局面」では直線を走り、「フィニッシュ」します。トップスピードの速さに加え、スピードの維持が大切です。あまり知られていないことですが、トップの選手達はトップスピードを60〜80m地点のカーブで出しています。

カーブから解放されるときは、ハンマー投のハンマーが回転からポーンと放たれるイメージで、カーブの出口を使い、そこではもう1度加速するように走るのがコツ。経験が少ない選手はカーブ出口手前までリラックスし、カーブ出口からスタートのつもりで走ると記録が伸びることも。ペース配分を考え、最後まで大きく減速しないことが記録の向上に結びつきます。

図 2-9 トラックでの流れ

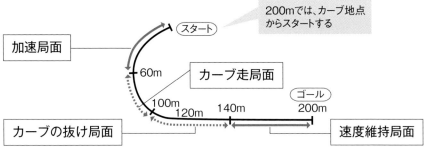

加速局面

スタート

200mでは、カーブ地点
からスタートする

60m

カーブ走局面

100m
120m　　140m

ゴール
200m

カーブの抜け局面

速度維持局面

ブロッククリアランス 0m	第3カーブからスタート。号砲に素早く反応し、「重心に近い腰や骨盤」を意識し重心を前に送る。
加速局面 0 ～ 60m	**カーブを意識しない走りを** スタート直後はカーブだが、スピードが遅いため、遠心力はほとんど気にする必要がない。カーブを意識せず、直線と同様にスタートを切ろう。
カーブ走局面 60 ～ 100m	**自然に体を傾けリラックス** 200mでは最もスピードの出るトップスピードの局面。カーブでは体を自然に内側に傾け、95%程度の力でリラックスした走りをする。
カーブの抜け局面 100 ～ 140m	**遠心力から解放後、再び加速** 遠心力から解放される局面。走者はここで最もスピードが出ていると感じることも。カーブの出口を使い、もう一度加速するようなイメージで走る。
速度維持局面 140 ～ 200m	**ブレーキをかけずリズムを維持** 100mの速度維持局面と近い局面。無理にストライドを伸ばそうとせず、自分のスピードをできるだけ殺さないように走る。リズムを維持しよう。
フィニッシュ 200m	スピードを落とさないよう、「ゴールより5m先」を意識して、リズムを変えないように走り抜ける。

カーブの走法

動画 ▶

カーブの特性を知り、スタートや走りの対策をしましょう。

カーブでの２種のスタート

　カーブでのスタートは２種類あります。右側の写真Ａは「スタートが得意な人」「リレーの第１走者でしっかりスタートを切りたい人」向き。ブロックをレーンの外側に置き、ブロック中央の土台部分（シャフト）をカーブの頂点に向けます。最初の10m程はまっすぐ走るため、鋭いスタートが切れます。写真Ｂは「スタートで力を温存し、後半勝負したい人」「400mや4×400mリレーで緩やかにスタートを切りたい人」に最適です。ブロックをレーンの最も内側に置き、レーンとほぼ平行にシャフトを設置。レーンに沿いカーブしながらスタートします。

A

レーン内側

外側　ラインから離す

ラインにつける

B

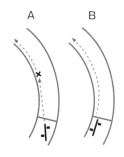

A　B

内傾は自然に、無理に傾けない

外脚は乗り込みにくいので、しっかり重心を乗せる

「内傾」は自転車をイメージ

直線を走るときは、地面から返ってくる力を体の「軸」でまっすぐ受け止める姿勢で走ります。ところが、カーブでは遠心力がかかるので、外側に振り飛ばされそうになります。それを防ぐため、内側に体を傾ける（内傾）必要があります。内傾することにより軸が少し傾きますが、直線と同様に「傾いた軸で力をまっすぐ受け止める走り」を意識するようにしましょう。

カーブを走って遠心力がかかることで、脚で地面をとらえる際により大きな力がかかります。大きな力に対してしっかり支えるには、軸をきちんと決めましょう。内傾を意識しすぎて腰が折れたりしないように気をつけましょう。

図2-10 カーブの走法のイメージ

地面からの反発を
受け止める体の軸

○ AとBの力のバランス
のとれた内傾

A 遠心力で体の軸が
起き上がる力

内傾で体の
軸が倒れる力

B

地面からの反発

直走路の場合

カーブの場合

自転車でカーブ
を走るのと同じ
イメージ

✕ AよりBが強くなりすぎて、
軸を起き上がらせるための
無駄な力が必要になる

A

B

✕ BよりAが強くなりすぎて、
カーブの外へ振られそうに
なり、スピードを上げられない

A

B

軸と力の向きがズレて
しまい、地面からの反発
をうまく受け取れない

内傾が深すぎる場合

内傾が浅すぎる場合

内脚は地面が近いので
踏み込みやすい

外側の引き出し脚が遅れない
ようにしっかり引き出す

400mのレースパターン

距離の長い400mは、最初から最後まで全力で走ることはできません。速いスピードも大切ですが、スピードを持続する能力が成績に影響を与えます。レース終盤での減速を抑えるため、ペース配分を考えたレース展開を習得しましょう。

100mや200mでは、体に準備されているATP（P12）や、糖質を分解してつくられるATPでレース中に消費するエネルギーをまかなうことができ、ある程度レース中に全力疾走が維持できます。しかし400mもの距離では、パワー全開で走ると途中でATPでまかない切れなくなり、後半に筋に供給されるATPがなくなると後半大きく減速します。体に貯蔵されているATP、もしくはつくり出せるATPで、レースで必要なエネルギーをまかない切れるようペース配分を行わなければなりません。トレーニングでATPの供給能力を高め、レースではそれを無駄遣いしないで走る「クルージング走法」を実践する必要があります。

400mでは、「加速局面」の70〜80m地点でトップスピードが出て、その勢いを殺さないよう「クルージング局面」を走ります。次の「カーブギヤチェンジ局面」で、カーブに対応してもう1度加速するようにギヤを変えます。そして最後の約100mは、心身ともにつらい状態となる「最大努力局面」です。残る力を振り絞ってゴールへ向かいます。

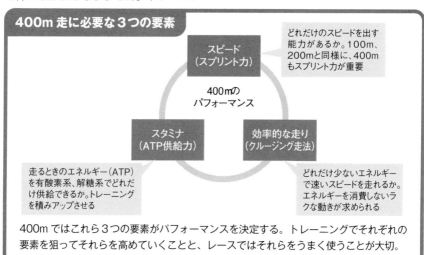

400m走に必要な3つの要素

スピード
（スプリント力）

どれだけのスピードを出す能力があるか。100m、200mと同様に、400mもスプリント力が重要

400mの
パフォーマンス

スタミナ
（ATP供給力）

効率的な走り
（クルージング走法）

走るときのエネルギー（ATP）を有酸素系、解糖系でどれだけ供給できるか。トレーニングを積みアップさせる

どれだけ少ないエネルギーで速いスピードを走れるか。エネルギーを消費しないラクな動きが求められる

400mではこれら3つの要素がパフォーマンスを決定する。トレーニングでそれぞれの要素を狙ってそれらを高めていくことと、レースではそれらをうまく使うことが大切。

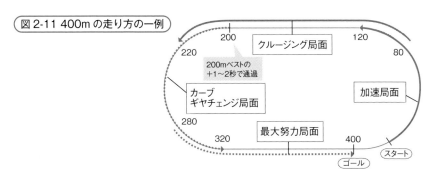

図2-11 400mの走り方の一例

200

クルージング局面

120

220

80

200mベストの
+1〜2秒で通過

カーブ
ギヤチェンジ局面

加速局面

280

320

最大努力局面

400

スタート

ゴール

400mの局面分けは、切り替えるポイントに幅をもたせてある。これは、人それぞれパターンが違うため。自分の走りの特徴に合った切り替えポイントを探そう。また、風向きによっても切り替えポイントは変わる。バックストレートが追い風のときは良い記録が狙えるチャンス。加速局面で思い切って速いスピードを出してクルージング局面に移ろう。レース状況の的確な判断が求められる。

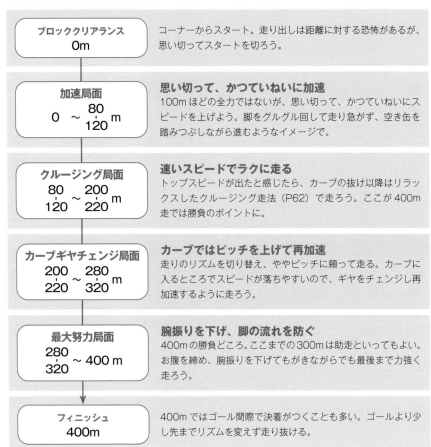

ブロッククリアランス **0m**	コーナーからスタート。走り出しは距離に対する恐怖があるが、思い切ってスタートを切ろう。
加速局面 0 〜 80 120 m	**思い切って、かつていねいに加速** 100mほどの全力ではないが、思い切って、かつていねいにスピードを上げよう。脚をグルグル回して走り急がず、空き缶を踏みつぶしながら進むようなイメージで。
クルージング局面 80 〜 200 120 〜 220 m	**速いスピードでラクに走る** トップスピードが出たと感じたら、カーブの抜け以降はリラックスしたクルージング走法（P62）で走ろう。ここが400m走では勝負のポイントに。
カーブギヤチェンジ局面 200 〜 280 220 〜 320 m	**カーブではピッチを上げて再加速** 走りのリズムを切り替え、ややピッチに頼って走る。カーブに入るところでスピードが落ちやすいので、ギヤをチェンジし再加速するように走ろう。
最大努力局面 280 〜 400 m 320	**腕振りを下げ、脚の流れを防ぐ** 400mの勝負どころ。ここまでの300mは助走といってもよい。お腹を締め、腕振りを下げてもがきながらでも最後まで力強く走ろう。
フィニッシュ **400m**	400mではゴール間際で決着がつくことも多い。ゴールより少し先までリズムを変えず走り抜ける。

クルージング走法

繰り返しになりますが、400m は最初から最後まで全力疾走することはできません。ゴールまでしっかり走り切れるように、限られたエネルギーを無駄遣いせず、うまく配分して走る必要があります。エネルギーを効率的に使う、「速いスピードで、いかにラクに走るか」というクルージング走法をマスターしましょう。

スピードをできるだけ「ラク」に出す

走りのイメージとしては、スピードに乗った自転車を想像するとよいでしょう。自転車である程度スピードが出た後は、ペダルを軽く回すだけでスーッと前に進みます。クルージング走法はそういうイメージを走りに応用したものです。脚は、グルグル回そうと積極的に振り下ろすのではなく、自然に下りてくるのを待ちます。走りながらも少し空中を長くとって休むようなイメージです。スピードはしっかりと出しながらも、全身の力を抜いて、着地の瞬間にタイミングよくしっかりと地面を踏みましょう。

POINT
- 積極的に脚を下ろすのではなく、空中を長くとって、脚が自然に下りるのを待つ
- スピードはしっかり出しながら、全身の力を抜いて、着地のタイミングでしっかり地面を踏む

体の軸で地面を真下に
とらえる

飛び出す方向は水平方
向に前へ

リラックスして空中には少し
長めにとどまるイメージで

400 mのスピード変化

　スタートから加速して、加速局面とクルージング局面の境目にさしかかる70〜80mの地点でトップスピードに達する。その後、カーブの走りに切り替えるが、速度はあまり影響を受けることなく、ゴールまでひたすら減速し続ける。

　また、ペース配分は大きく3つのパターンがある。前半飛ばして後半減速は大きくても、それを最小限に抑える前半型走法や、前半は抑えて遅れをとっても、後半に温存したエネルギーを使って逆転を狙う後半型走法、その中間の平均型走法がある。男女それぞれゴールタイムに対する前半型、後半型、平均型のペース配分を表したPART7に掲載した。自分の走り方、パターンに合わせて参考にしてトレーニングするとよいだろう。

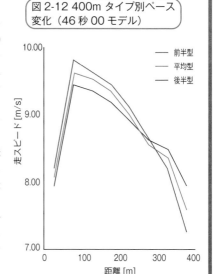

図2-12 400m タイプ別ペース変化（46秒00モデル）

（山元2017より作図）

動画▶

着地は自然に接地脚に
重心を乗せ込む

COLUMN

ウサイン・ボルトの異次元性

現在の男子100mの世界記録は9秒58、ウサイン・ボルト（ジャマイカ）が2009年にベルリン世界陸上の決勝でマーク。当時私は日本代表コーチとして現地にいました。混み合うスタンドには行かず、サブトラックの大型モニターで他国の選手やコーチとその瞬間を見ていました。スタンドの大歓声とは裏腹に、サブトラックでは一瞬の歓声の後に、選手やコーチたちの「やってしまいやがった」というような、少し落胆にも近い表情やため息が聞こえてきました。それだけボルトという選手は異次元であるということです。

人類が初めて10秒の壁を突破したのは、1968年のメキシコオリンピックでのことでした。ジム・ハインズ（アメリカ）が決勝でマークした9秒95という記録でした。それから9秒9台で少しずつ更新され、9秒9の壁を破ったのは、20年以上が経過した1991年の東京世界陸上でのカール・ルイス（アメリカ）、9秒86でした（ただしベン・ジョンソンが1989年ローマ世界陸上で9秒83、1988年のソウルオリンピックで9秒78をマークしたが、ドーピングにより記録は抹消された）。

その後、1999年にモーリス・グリーン（アメリカ）が9秒79に入り、2007年にアサファ・パウエルが9秒74まで記録を伸ばすまで、実に40年かかって少しずつ、9秒台の奥にまで進んできていました。図2-13の●印はボルト以外の世界記録の変化を示していますが、ボルト出現までは、時間とともにほぼ直線的に記録が高まってきていたといえます。計算上では、1年に1000分の7秒弱、記録を更新してきたということになります。

それが2008年に登場したボルトによって、あっさり9秒6台に入り、さらに翌年の2009年には9秒58を出してしまいました。それまでの記録更新のペースからすると、9秒69は2016年末に、9秒58は2033年に出されるはずであった記録だといえます。つまり20年以上先の記録を出してしまったわけです。ボルトの異次元さは2008年のシーズンから他を寄せ付けない圧倒的な強さがありましたが、2009年にはついに他の誰もたどり着けないであろう記録に到達してしまったというわけです。その後、ボルト自身もその記録を更新することなく引退しました。それ以外の選手でも、その次元に到達できそうな選手は今のところ見当たりません。

2009年のベルリンのサブトラックでの「やってしまいやがった」という雰囲気は、私には理解できるリアクションでした。それだけウサイン・ボルトが異次元の強さだということです。

図2-13 男子100m 世界記録の変遷

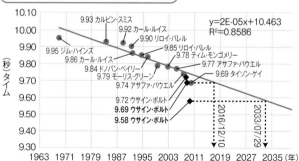

PART3

リレーの
テクニック

スプリントのパフォーマンスが
どのように達成されるのか、
その仕組みを説明してきましたが、
ここではそれをどのように
トレーニングして高めたらいいのか、
その計画の立て方や具体的方法を示します。

リレーの基本

1つのバトンを、第1走者からラストの第4走者までいかにミスすることなく渡し、いかに早くゴールするかが課題です。戦略や、スピーディーなバトンの受け渡しの技術などのチームワークによっても成績が変わるのがリレーの面白さといえるでしょう。

4 × 100m リレーの基本

4×100mリレーでは限られたゾーンの中で全力疾走、最大速度に近い速度でのバトンの受け渡しが行われるので、単純な短距離のパフォーマンスである「走力」と、チーム内で連携のとれた「バトンパスの技術」の2つが記録に大きな影響を与えます。そこがリレーの最も難しいところであり、面白い部分でもあります。

また、第2走者以降は、バトンの受け渡しゾーンで加速してから、スピードがついた状態でバトンを受け取るため、4人の走るタイムを単純に合計するよりも速い記録が出ます。バトンパスでのロ

スタイムをできるだけなくすよう技術を磨けば、格上の相手を上回ることもできるのが、リレーの醍醐味といえます。

さらに、1走から4走までそれぞれの走者が走る区間が異なります。スタートダッシュがある1走とない残りの走者、カーブがある1、3走、120mの距離を走り切ることを求められる2、3走、4走はフィニッシュラインへ向けての勝負強さが必要など、それぞれ違った条件や役割があります。オーダーを組むときには、何走にはどの選手が適任か、それぞれの走順での役割を考慮し、各選手の力を最大限に発揮できる配置をすることが勝つための戦略となります。

> **図 3-1 テイクオーバーゾーンと各走者の走り方**

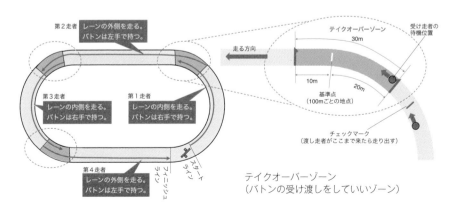

テイクオーバーゾーン
（バトンの受け渡しをしていいゾーン）

バトンの受け渡しは、定められた「テイクオーバーゾーン」の中で始まり（受け走者の手にバトンが触れる）、終わる（渡し走者の手から離れて受け走者が唯一のバトン保持者となる）必要があります。ゾーンの中でバトンパスが完了しないと失格になるので注意しましょう。ゾーンの出入り口に矢印がついています。

4×100mリレーでは、1から2走、2から3走、3から4走の3回のバトンパスがありますが、テイクオーバーゾーンは基準点（100mごとの地点）から手前に20m、奥に10mのトータル30mの区間となります。バトンを受ける走者は、このテイクオーバーゾーンの手前の端から助走を始めることができます。前の走者が走ってきたら、あるタイミングで次の走者は全力で走り出し、トップスピードに近い速度（90%以上）に到達するあたりで後ろを振り向かずにバトンを受け取ります。4×100mリレーの最も難しい部分ですが、走り出しのタイミングが少しでも早いと前の走者は渡せる距離まで近づくことができず、次の走者が速度を緩めたり、最悪はオーバーゾーンとなって失格してしまいます。逆に走り出しが遅れると、前の走者は急激に次の走者に近づいてしまい、大きく速度をロスしてしまうことになります。つまり、4×100mリレーの最も重要な技術は、「受け取る走者の走り出しが正確かどうか」ということになります。

その走り出しをいつも同じようなタイミングにするために、走り出しの目安として貼るのが、「チェックマーク」です。マークは、テイクオーバーゾーン内で次走者にスムーズにバトンを渡せる距離になるように、「前の走者がどこまできたら走り出すか」の目印として貼ります。その距離は、足のサイズを使って何足長（そくちょう：かかとからつま先までの長さ）分かを練習のなかで決めておきます。

そのほかにも、「前の走者がいつも同じような速度で近づいてこれるか」とか、「受ける走者がいつも同じように加速できるか」などということも重要になります。バトンは、落としてもルール通りに試合に復帰すれば失格にはなりませんが、遅れを挽回することはほぼ不可能。落とさない渡し方、持ち方を工夫しましょう。

バトンパス「開始」

バトンが触れる

バトンパス「完了」

バトンが離れる

テイクオーバーゾーン内で開始し完了しなければならない

4×100m リレーの バトンパス方法

リレーでは、いかにロスなくバトンの受け渡しを行うかが勝負のカギです。前走者は次走者に近づいたところで、「ハイ」と声をかけ、次走者は声を聞いてから手を後方に伸ばしバトンを受け取ります。バトンパスの２つの方法をご紹介します。

チームに合ったパス方法を

バトンパスには２種類の方法があります。

次走者が伸ばした手に、前走者が上からバトンを渡す「オーバーハンドパス」を採用するチームが多いようです。それは両者の腕の長さ分の距離を稼ぐことができるからです。しかし、次走者は腕を高く上げるので、無理な姿勢になり走りにくいという短所もあります。

一方、「アンダーハンドパス」は、両者が近づいてバトンを渡すため利得距離（２人の腕の長さ分稼げる距離）は短くなり、距離は稼げません。しかし、次走者がバトンをもらうときの姿勢に無理がなく、スピードをロスしにくいという長所があります。オーバー、アンダーそれぞれどちらが優れているというわけではなく、一長一短です。下の表を参考に、チームに合ったバトンパスの方法を選びましょう。

	オーバーハンドパス （プッシュプレスパス）	アンダーハンドパス （アップスウィープパス）
長所	両者が手を伸ばす分、利得距離を稼ぎやすい 渡し走者がパスを目視しやすい	受け走者が自然な姿勢で加速できるため、より速いスピードでバトンを受け取れる 両者が近いので失敗が少ない
短所	受け走者の加速姿勢が窮屈になり、スピードに乗りにくい 利得距離を稼ごうとして失敗をしやすい	利得距離が小さい バトンパスを目視しにくい バトンの端を渡しづらい
短所対策	短時間でバトンパスを完了させる 肩の柔軟性を高める	受け走者がやや肘を引いて距離を稼ぐ 渡し走者が手を前に伸ばして渡す 受け走者の手の中に走者の手を入れ込むように渡す（端を渡すため）
選ぶ基準	走者間の走力の差が大きい 走者間の身長差が大きい	走力に大きな差がない バトンパスで他チームとの差を広げたい

オーバーハンドパス

手を上げるのはできるだけ短時間に

バトンは立てる

しっかりと伸ばして肩の高さまで上げる

ハイ

アンダーハンドパス

アンダーも同様にすぐに走りに戻る

渡し走者は手首を返してバトンの根元を渡す

腕振りのいちばん後ろで止める

ハイ

バトンを落とさないコツ

　バトンを受け渡しするとき、うまく手に入らなかったり、握り損ねたりする場合があります。それを防ぐためのコツとして、下記のことに注意してみましょう。

　手すりなどの棒状の物を手でつかむ場合、どのようにつかみますか？　棒に対して親指とその他の指を違う向きに向けてつかみますね。さらに親指と人差し指でしっかり握り、その他の指は補助的に使うと思います。バトンを受け渡しする場合も、この特性をうまく使います。

　バトンを相手の親指と人差し指でできる「V」の字（右写真）の中に入れ、さらにVの字の頂点にバトンを押し込むようにすると、自然と親指と人差し指はバトンを握ってくれます。また受け走者は、このVの字が渡し走者によく見えるよう

に意識して手を上げましょう。オーバーハンドパス、アンダーハンドパスにかかわらず、これを意識することで、バトンをハンブルしたり渡し損ねたりするミスは格段に下がるでしょう。また、バトンジョギング（P121）やバトン流し（同）のときに特に意識し、全力疾走では意識せずにできるようにすることも大切です。なお、バトンを落としたときは、前走者が拾って次走者に渡します。

アンダーでのV字　　　オーバーでのV字

「良いバトンパス」とは

バトンパスを行う際、渡し走者は徐々に減速しながらテイクオーバーゾーンに入ってきます。チェックマークに到達す

① 「良いバトンパス」

良いバトンパスとは、それぞれが速度を無理に調整することなく、バトンを運ぶ速度が高い状態でバトンの受け渡しができることを意味します（図3-2）。渡し走者が減速なくチェックマークまで到達したタイミングで、早すぎたり出遅れたりせずに受け走者は走り出します。受

ると、受け走者はそれを目視で確認し、全力で走り出します。その後両者の距離は徐々に縮まり、バトンの受け渡しが行われます。

け走者より渡し走者の速度が速い間は2者間の距離は縮まり、逆転すると広がります。ちょうどその速度の入れ替わりのタイミングでバトンを受け渡しできる距離となっているのが良いバトンパスといえます。見た目には、流れるようにバトンが次の走者に渡っているように見えるでしょう。

「良くないバトンパス」とは

② 「遠いバトンパス」

遠いバトンパスとは、受け渡し走者の距離が遠すぎてバトンを渡すことができず、受け走者が減速してもらうパターンを指します。図3-3のように受け走者は加速を緩め、いつもより遅い速度でバトンを受け取ってしまいます。バトンは十分に加速していない受け走者に渡り、そこから再加速することになりますから、

③ 「詰まるバトンパス」

詰まるバトンパスとは、受け渡し走者の距離が近すぎるパターンを指します（図3-4）。この場合、渡し走者は一気に受け走者に近づくので、減速して調節する必要があります。また受け走者も十分に加速していない状態でバトンを受け取ることになります。このパターンも最悪

その分、バトンの速度は落ちてしまいます。また、最悪の場合、テイクオーバーゾーン内で受け走者にバトンが届かず、オーバーゾーンで失格してしまいます。

「遠いバトンパス」の原因はいくつかあります（図3-3に記載）。練習や、次のラウンドがある状況でこれが起こった場合は、次はチェックマークを少し近づけて調整しましょう。

の場合、近すぎることによって受け走者の手を目視できず、バトンを落としてしまうことがあります。

「詰まるバトンパス」にもその原因があります（図3-4に記載）。詰まった場合は、次はチェックマークを少し遠ざけて調整しましょう。

図3-2 良いバトンパス

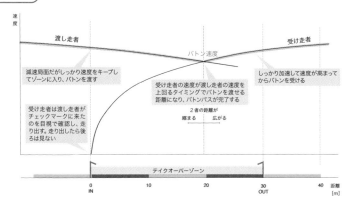

渡し走者

受け走者

バトン速度

減速局面だがしっかり速度をキープし
てゾーンに入り、バトンを渡す

受け走者の速度が渡し走者の速度を
上回るタイミングでバトンを渡せる
距離になり、バトンパスが完了する

しっかり加速して速度が高まって
からバトンを受ける

受け走者は渡し走者が
チェックマークに来た
のを目視で確認し、走
り出す。走り出したら後
ろは見ない

2者の距離が
縮まる　広がる

テイクオーバーゾーン

速度

0　　　　　　10　　　　　20　　　　　30　　　　　40　距離
IN　　　　　　　　　　　　　　　　　　　OUT　　　　　　[m]

図3-3 遠いバトンパス

「遠い」原因
チェックマークの位置
が遠すぎる
[渡し走者]
・いつもより調子が悪く
スピードに乗れなかっ
た
・向かい風や疲労でいつ
もより減速が大きい
[受け走者]
・チェックマークで早す
ぎるタイミングで走り
出す
・調子が良く、いつもよ
り加速が鋭かった

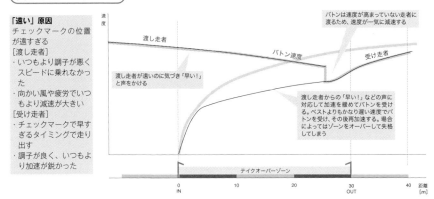

渡し走者

バトン速度

受け走者

バトンは速度が高まっていない走者に
渡るため、速度が一気に減速する

渡し走者が遠いのに気づき「早い!」
と声をかける

渡し走者からの「早い!」などの声に
対応して加速を緩めてバトンを受け
る。ベストよりもかなり遅い速度でバ
トンを受け、その後再加速する。場合
によってはゾーンをオーバーして失格
してしまう

テイクオーバーゾーン

速度

0　　　　　　10　　　　　20　　　　　30　　　　　40　距離
IN　　　　　　　　　　　　　　　　　　　OUT　　　　　　[m]

図3-4 詰まるバトンパス

「詰まる」原因
チェックマークの位置
が近すぎる
[渡し走者]
・いつもより調子が良い
・強い追い風でスピード
が落ちない
[受け走者]
・チェックマークに対し
て出遅れる
・いつもより加速が鈍い

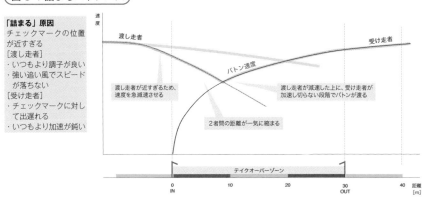

渡し走者

受け走者

バトン速度

渡し走者が近すぎるため、
速度を急減速させる

渡し走者が減速した上に、受け走者が
加速し切らない段階でバトンが渡る

2者間の距離が一気に縮まる

テイクオーバーゾーン

速度

0　　　　　　10　　　　　20　　　　　30　　　　　40　距離
IN　　　　　　　　　　　　　　　　　　　OUT　　　　　　[m]

4x100mリレーの各走順の特性

4×100mリレーでは、走順によって、その特性や求められる能力が変わります。3度のバトンパスも、それぞれの場所でテクニックが違います。

　各選手の特性を見極め、誰がどこの走順を走るかを決めることはとても重要となります。すなわちオーダーを組むところからすでに勝負は始まっているといえるでしょう。

2走→3走バトンパス

　第3走者が内側に待機する場合は、第2走者をレーンの外側に迎え入れるようにバトンを受け渡すが、外側に待機する場合も多く、その場合は第3走者が外から内側に切り込むように走り出し、その外側に第2走者が走り込んでくる形になり、やや難易度が高い。

　1→2走の区間と同様に、内側のレーンと外側のレーンでバトンパスの位置やコースの形状が大きく異なる。内側のレーンは受け走者の加速区間が直線になり、バトンを受けてからカーブに突入する。また、外側のレーンでは第2走者は全力疾走状態でカーブへ突っ込み、その後にバトンパスとなってしまうので、外に飛び出そうになるのを抑えながらバトンパスを実行しなければならない。

第3走者

　カーブの巧さ、受け渡し2回のバトンパス、走る距離の長さ（100〜130m）など、求められる能力が非常に多いのが第3走者。

　ここを担う選手の能力が高いと、チーム全体が非常に強くなる、要だといえる。カーブの内側（左ライン寄り）を走り、バトンは右手。

　200mの選手が受け持つ場合が多い。

3走→4走バトンパス

　ルールによるテクニックの違いは、ほぼない。ここでの難しさは、順位が明確にわかるなかで、他のレーンの選手に引っ張られてしまうことである。第4走者は冷静にスタートを切ることが必要となる。

第2走者

　ほぼ直線であり、走る距離の長さは 100 ～ 130m で最も長く、エースを置く場合が多い区間。レーンごとにまだ階段状の差があるため、単独でも落ち着いて高い走能力を発揮できる選手が望ましい。

　チームで最も実力のある選手、もしくは 200m が得意な選手が受け持つ場合が多い。

　直線部分が多いので、バトンは左手に持ち、レーンの外側（右ライン寄り）を走る。

1走→2走バトンパス

　第2走者は通常レーンの外側に待機して、第1走者をレーンの内側に迎え入れるようにバトンを受け渡す。

　内側のレーンと外側のレーンでバトンパスの位置やコースの形状が大きく異なる。内側のレーンはほぼすべてをカーブでバトンパスを行うのに対し、外側のレーンでは受け走者が走り出すとほぼすべて直線でのバトンパスになるため、それぞれに対応する必要がある。

スタートライン

フィニッシュライン

第1走者

　スターティングブロックからスタートをする。さらにバトンを渡すまでのほとんどがカーブで、レーンの内側（左のライン寄り）を走り、バトンは右手に持つ。

　バトン区間は走り出してから 80 ～ 110m となり、他の区間に比べると走る距離が短い。

　スタートが得意ないわゆるスタート型を配置することが多い。

第4走者

　最後にフィニッシュラインで勝負をする走者であるため、勝負強く接戦に強いエース格を置く場合が多い。距離は2走よりやや短い（120m）。

　バトンパスが受けのみなので、バトンパス練習に時間をかけられない選手は4走に置く場合が多い。

　レーンの外側（右ライン寄り）を走り、バトンは左手。

4×100mリレーの
オーダーの組み方

各選手の特性を見極め、誰がどこの走順を走るかを決めることはとても重要です。

チームに合ったオーダーを

オーダーを組む際、まずは最も速い4選手を選びます。次に、誰が何走を走るかを決めます。

4×100mリレーでは、第1走者はスタートがあり、第2走者はテイクオーバーゾーンを含め120m以上の最も長い直線距離を走ります。第3走者はカーブの走技術と120mの長さの持続力とが求められ、第4走者は最後の接戦を走る役目を担います。また、第1走者はバトンを渡すだけ、第4走者はバトンを受け取るのみですが、第2、3走者はバトンを渡し、受け取る技術が必要になるなど、各局面でそれぞれ違った特徴があります。「スタートが得意」「カーブ走技術が高い」「トップスピードが速い」「バトンパスが得意」など、選手の総力や技術や、さらにメンタル面の特性を活かしたオーダーが、強いチームづくりの戦略となります。

① 速い選手を活かしたい
2走・4走エース格

バトンパスの際、「できるだけエース格をスピードの出しやすい直線区間で起用してタイムを稼ぐ」戦略です。2走と4走にエース格を配置しましょう。2走は、テイクオーバーゾーンに入ってすぐバトンを受け取り、3走にゾーンの出口ギリギリで渡します。こうすることで約120m走ることができ、距離を最大20%延ばせます。4走は、最大でも10%増しにしかなりませんが、ラストの勝負で追いつかれて固くなる選手よりは、勝負強く接戦でも固くならない選手を選ぶとよいで

第1走者	スタートを得意とする選手を配置する。バトンを渡すだけなので、バトンパスを苦手とする選手を配置してもよい
第2走者	直線を走るため、トップスピードが速いエース格の選手を配置。バトンを受けて渡すので、バトンパスが得意な選手向き
第3走者	カーブの走りが得意で、バトンパスも上手な選手を配置。走りのスピードは、4番目の選手になることが多い
第4走者	直線でスピードに乗りやすいため、エース格の速い選手を配置。ラストの接戦を自信を持って走れる勝負強い選手向き

しょう。バトン受け渡しの走者間の速度のギャップが大きくなるので、手を伸ばして2者間の距離の誤差に対応しやすい、オーバーハンドパス向きです。

② バトンパスでのロスを最小限にしたい
1走から速い順

　バトンが届かずオーバーゾーンで失格する、またはそれを恐れて次走者が全力で走り出せないというケースをよく見かけます。これを回避し、「バトンパスでのロスを最小限にする」のが、速い順に走るオーダーです。次走者は、より速い前走者を信頼して思い切ってスタートを切ることができるため、高いスピードでバトンを受けられます。また、テイクオーバーゾーンのギリギリを使い、その距離を最大に活かすこともできます。ただし、スタートやカーブの技術でタイムロスが

第1走者	流れをつくる大切な局面。4人の選手のなかで、最もスピードの速い選手を配置。スタートの得意な選手がなおよい
第2走者	4人の選手のなかで、2番目に速い選手を配置する。バトンパスの上手な選手だとより効力を発揮する
第3走者	4人の選手のなかで、3番目に速い選手を配置する。カーブを走るため、カーブの得意な選手だとより減速を抑えられる
第4走者	4人の選手のなかで、最もスピードの遅い選手を配置する。ただし極端にレベルの差がある場合再考が必要

大きく生じる場合は調整が必要になることもあります。実力の低いチームが、高いチームを相手に勝つことを狙う場合には有効な方法です。アンダーハンドパス向きのオーダーです。

オーダーの決め方はさまざま

　バトンパスの効率が最もがよくなるのは、渡し走者と受け走者のスプリントレベルが近い場合です。なぜなら、バトンパスをする場合、速い選手が遅い選手に合わせる必要があり、落差が大きいほど、速い選手がロスすることになります。
　図3-5、3-6は「遅い選手から速い選手へ渡す場合」と、「速い選手から遅い選手へ渡す場合」の速度変化を簡単に表したものです。バトンパスだけを見ると、速い選手から遅い選手へ渡す方が遅い選手の能力も最大限に引き出せることがわかります。これを連続的に並べるのが②

のパターンといえます。バトンだけを考えれば②の方がいいですが、カーブの得意不得意、スタートダッシュの良し悪し、勝負強さなど、さまざまなキャラクターがいます。また、②だと最も速い選手がカーブで距離も短い第1走者に起用することになるので、もったいないという考え方もできます。さまざまな要素を考えてオーダーを組むべきで、それぞれの選手の良さを引き出せて、かつバトンも最も効率よくできるオーダーをチームで考えることも、4x100mリレーの醍醐味でもあります。

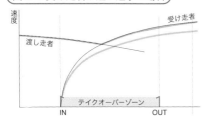

図3-5 受け走者が速い選手の場合

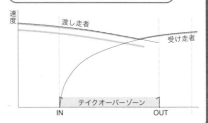

図3-6 渡し走者が速い選手の場合

4×400mリレーの基本

バトンを受けるときと加速しながら走るとき、そして次走者に渡すときのポイントを
しっかりつかんでおきましょう。

4×400mリレーでは、テイクオー
バーゾーンは基準線（400mごとの地
点）の前後10m、トータル20mに設定
されています。4×100mリレーと同様、
助走からバトンの受け渡しまですべてテ
イクオーバーゾーンの中で行わなければ
なりませんが、前の走者は400mを走
り終えた状態でバトンを持ってきますの
で、かなりスピードも減速していて、受
ける走者が全力で飛び出すようなことは
ありません。ですから、4×100mリレー
のようなテイクオーバーゾーンを飛び出
して失格してしまうような心配はそれほ
どする必要はないでしょう（稀にオー
バーゾーンする場合もあります）。4×
400mリレーでのバトンパスのキモは、
前走者の速度を正確に見極め、適切な速
度に加速した状態で受け取ることができ
るか、といえます。

また、2から3走、3から4走のバト
ンパスは、オープンレーンになっていて、

混戦のなかでのバトンの受け渡しになり
ます。下位でバトンを受ける場合は、受
け取った後も走り終えた上位グループの
前の走者をうまく避けながら加速しな
ければなりません。いつもはセパレート
レーンを走っている選手にとっては慣れ
ないと難しい技術になります。

さらにバトンを渡すときには、自分が
渡す相手がどこで待っているか、直線に
出た段階で確認し、直前に進路を大きく
変えなければならない状況を避けること
も大切です。次の走者は、200m地点を
通過したチーム順にインレーンから並べ
られます。一度並べられたら、その順序
は変えてはいけません。思わず入れ替
わってしまうと、そのチームは失格とな
ります。走っている選手が200m通過
の順序をある程度把握し、直線に入った
らどのあたりで次の走者が待っているか
確認して、できるだけ最短距離で渡しま
しょう。

動画▶

4×400mのバトンパス

4×400 mリレーの
バトンパス方法

4×400 mリレーでは、第2走者以降のバトンパスはレーンがオープンの状態で行われます。バトンを受ける次走者は、周りの状況をしっかりと確認し、他の選手との接触を避けることが大切です。

バトンパスを軽視しない

4×400m リレーのバトンパスは、記録に影響を及ぼしにくく、軽視される傾向にあります。しかし、混戦時はレースの勝敗を分けることもあるので、練習を積み試合を有利に展開しましょう。

まず、次走者は前走者を引きつけてダッシュします。多くの場合、次走者はゆっくり出て加速しきれていない状態で受け取り、抜かれてしまいがちです。前の走者の走りやスピード、前後左右の他のチームの状況を正確に把握し、スムーズで効率的なパスができるように練習しましょう。1から2走ではテイクオーバーゾーンの中央部（800m スタートライン）付近で、2から3走、3から4走はフィニッシュライン付近でバトンを受け取れると、効率の良いバトンパスになるでしょう。

> ## POINT
> ● テイクオーバーゾーンの中央部、フィニッシュライン付近でバトンを受け渡ししよう
> ● 前走者のスピードを見極めて走り出し、前後左右のチームと接触しないようにバトンを受け取ろう

バトンパスの種類

「もぎ取り」型
渡し走者はバトンを垂直に立てる。受け走者はバトンをもぎ取るように取る

「ちょうだい」型
受け走者は手のひらを上に向け、その上に渡し走者がバトンをのせる。ミスは少ないが、渡し走者が疲労の中で手のひらに収めなければならない

「シェイクハンド」型
シェイクハンド（握手）をするように左手から左手に渡す。走行中、右側から追い越されるときに左手で持っていれば、バトンをはじかれない

4×400 mリレーの
オーダーの組み方

1人が400 mを走る4×400 mリレーでは、400 mの距離を走り抜く走力がメンバー選定の前提条件となります。

選手の持ち味を活かした
オーダーを

400mのレース（P60）で紹介したように、距離の長い400mではトラック1周の各局面の特性を理解し、エネルギーを切らさないよう、ペース配分を考えた走りをすることが重要となります。ただし、チーム一丸となって戦うリレーでは、プレッシャーを武器に、400 mの個人レース以上の力を発揮する選手も出てきます。これがこの種目の奥深いところです。

まずは、4×100 mリレーと同様に、最も記録の良い4選手を選び、オーダーを決めます。配置を決める際には、選手が潜在的に備えている気質を見極めることが大切です。「レースの主導権を握るのが得意」な選手もいれば、レースの流れに乗るのがうまく、4×400m リレーとなると、実力以上の走力を発揮するタイプ」の選手もいます。各選手が存分に実力を発揮できるオーダーを組み、練習を積み重ねてチーム一丸となったリレースタイルを確立しましょう。

① 王道パターン
4走エース格

第1走者	レースの流れをつかむ区間。4人の選手のなかでも、1走は安定感のある選手を配置するのが望ましい
第2走者	バトンの受け渡し直後に、セパレートからオープンレーンになる。前半型で、スピードのある選手を配置する
第3走者	第4走者へよい位置で受け渡しをする、つなぎ区間。順位をキープできる選手を起用する
第4走者	最後に勝負を決める選手であるため、エース格で自信を持った強いハートの持ち主を選ぶとよい

400 mリレーでは、一度他チームとの混戦から遅れてしまうと、挽回が難しくなります。第1走者はレースの流れをつくる大切な区間です。チームのなかでも安定した走りのできる選手を配置します。2走はセパレートからオープンレーンになるため、良い位置を獲得するために、スピードのある選手をもってくるとよいでしょう。3走はアンカーへしっかりとつなげる安定感のある選手を。勝負を決める第4走は、エース格の強いハートの持ち主に任せましょう。

② 接戦が予想されるレースに
1走から速い順

　4×100mリレーと同様に、前半逃げ切りを想定したオーダーです。接戦が予想される試合ではオープンレーンで抜くのが難しいため、速い選手を最初に配置します。まずは、第1走者と第2走者でレースの流れをつくります。1走はスタートが強く、第2走はオープンレーンへの移行が得意な選手が理想です。4×400mリレーでは流れに乗ることが最も重要です。良い流れに乗って通常よりも良いタイムが出ることは珍しいことではありません。3走と4走は、力まずバトンをつなぎましょう。ラストの踏ん張り

がきく選手が4走だとなおよいでしょう。

第1走者	4人の選手のなかで、最も記録の良い選手を配置。良い流れをつくって第2走者にバトンをつなごう
第2走者	2番目に速い選手を配置。第1走者からの良い流れを引き継ぎ、オープンレーンでもよい位置をキープしたい
第3走者	4人の選手のなかで、3、4番目に速い選手を配置。オープンレーンでの争いに強いと適任
第4走者	4人の選手のなかで、3、4番目の選手を配置。オープンレーンに強く、ラストの勝負や逃げ切りに強い選手がよい

第2～4走者の走り出し

○第2走者はセパレートレーンで待つ

　4×400mリレーでは、第2走者の最初の100mまでがセパレートレーンなので、第2走者は右の写真のようにセパレートレーンで待機する。接触の心配がないため、第3走者、第4走者よりも思い切ってスタートが切れる。

○第3、4走者の待機

　第3走者以降は前走者が200m地点を通過した順に、審判の指示に従って内側から右の写真のように並ぶ。一度並んだら、順位が変わっても決して順番を入れ替わってはならない。また、スタート時は混戦になることも多く、周囲の状況をよく見てスタートを切る必要がある。バトンを持ってくる走者が、ホームストレートに入ってからのコース取りも重要。自分がバトンを渡す相手がどこで待機しているか、苦しい状況でもできるだけ早めに把握しておこう。

COLUMN

日本 4×100m リレーの挑戦 ～進化するバトンパス

　日本が 4×100m リレーの強化に取り組み始めたのは 1988 年のソウルオリンピックからです。戦前は入賞したことはありますが、戦後は自国開催の 1964 年の東京オリンピックには出場したものの、それ以外のオリンピックには代表すら派遣できませんでした。1992 年のバルセロナ、2000 年のシドニーでは下位入賞しますが、メダルを獲得するのはまだ夢のような状況でした。

　2001 年のエドモントン世界陸上で、日本チームは初めてアンダーハンドパスを採用します。アンダーハンドパスは、その当時からすでに主流ではなく、むしろ古い技術に戻るようなチャレンジでした。当時、日本男子短距離を率いていた高野進先生が「スムーズなバトンパスが実現できる」という理由で取り入れました。さらにそれまで頻発していたバトンミスも格段に減り、日本が世界大会の決勝の常連になります。

　2004 年のアテネオリンピックで 4 位、2007 年の大阪世界陸上では 5 位になりますが、あともう少しのところでメダルに届きませんでした。そしてついに 2008 年、北京オリンピックで日本トラック種目初のオリンピックメダルとなる、銅メダル（後に銀メダルに格上げ）をとることができました。

　そのときのアンダーハンドパスは、スムーズなバトンパスを実現するため、受け渡し両者が近い間合いで一定距離を並走する、いわゆる安全パスでした。それでも受け走者が無理な姿勢でない分、速度のロスも小さく、高いパフォーマンスにつながっていました。

　その後、2012 年のロンドンオリンピックを挟み、2009 年、11 年、13 年の世界陸上も決勝進出、入賞を続けますが、再びメダルをとることができずにいました。翌年にリオオリンピックを控えた 2015 年の冬、当時の日本代表コーチの苅部俊二先生の発案で、アンダーハンドパスの欠点を補う、改良型アンダーハンドパスにチャレンジしました。その欠点とは、オーバーハンドパスに比べ、アンダーハンドパスは両者が近い状態でバトンを受け渡しするので、距離を利得することができません。これを、受け走者が走りのフォームを乱さない範囲内（腕振りの範囲内）で、受ける手を後ろへ出すことにより、自然な走りと利得距離の両方を獲得するパスを実現しようとしました。

　その結果、2016 年のリオオリンピックで銀メダルを獲得、2017 年ロンドン世界陸上では銅メダル、2019 年のドーハ世界陸上でも銅メダルと世界国別歴代 4 位となる 37 秒 43 のアジア新記録を樹立することにつながりました。

　残念ながら、その技術は、改良前のような安全性を犠牲にしてしまうため、2021 年の東京オリンピック、2022 年のオレゴン世界陸上の 2 度のバトンミスにつながってしまいました。しかし、2016 年の銀以降、日本チームの狙いは金メダルとなり、「金メダルか失敗か」という勝負をした結果だともいえます。

　近い将来、オリンピックや世界陸上での男子 4×100m リレーで、センターポールに日の丸が揚がる日がくると信じています。

アンダーハンドパス
2008 年北京
オリンピック

改良型アンダーハンドパス
2016 年リオ
オリンピック

PART4

スプリントの
トレーニング

スプリントのパフォーマンスが
どのように達成されるのか、
その仕組みを説明してきましたが、
ここではそれをどのように
トレーニングして高めたらいいのか、
その計画の立て方や具体的方法を示します。

トレーニングの計画

トレーニングは遠くの目標を立てて現在の課題を明確にし、やや先の目標や実現したい姿を明確にして今週、今月の計画を立てます。年間を通し、その時期に合った計画を立てることも重要です。

まず大きな目標を持とう！

　「オリンピックに出場する！」などということを中学生や高校生が人前で言うことはとても勇気がいることかもしれません。オリンピックに出場する選手はほんの一握りですし、この本で説明しているスプリント種目に関しては、国内で出場できるのは 4 年に 1 度、10 人いるかどうかという、とても難しいものです。

　もちろん「オリンピックに出場する！」と思っていれば出場できるわけではありませんが、逆から見ると、オリンピックに出場する選手は、100％が「オリンピックに出場する！」と念じてトレーニングに取り組んできた人たちです。ですから、夢や目標を持つことは大切なことだと思います。「オリンピックに出場する！」とまではいかなくとも、ある程度、「夢」に近い大きな目標を持ちましょう。

　そして、そのような「夢」に近い目標に近づくために、まずは「市の大会で優勝する！」であったり、「自己ベストを X 秒 XX まで更新する！」であったり、近い将来の実現可能な目標を立てましょう。そして現在の自分に足りないものを明確にし、それを改善するにはどうしたらいいかを考えます。それが計画の第一歩です。計画、実行、振り返り、対策改善の PDCA（Plan 計画―Do 実行―Check 振り返り―Act 対策改善）を繰り返し、今日の自分より明日はもっと速く走れるように、そしてそれを実感し、楽しみながらトレーニングをしましょう（図 4-1）。

計画的かつ柔軟に改善

　トレーニングを行うとき、ただ闇雲にトレーニングをするのでは、自分が進んでいる方向もわかりませんし、結果につながらない場合があります。トレーニングを実施するうえでは明確に目標を定め、その目標の実現のために、計画的な

図 4-1 PDCA サイクル

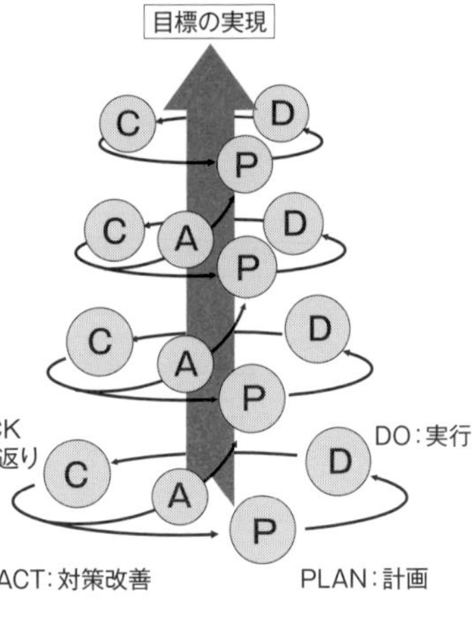

目標の実現

CHECK ：振り返り　　　DO：実行

ACT：対策改善　　　PLAN：計画

トレーニングを行うことが重要です。

　トレーニングの計画は、まず遠くの目標を定めましょう。そして現在の課題を明確にして、やや先の目標や実現したい姿をイメージします。さらに細かく、今週、今月するトレーニングを計画します。

　陸上競技のスプリント種目はシーズンスポーツですから、春から夏を経て秋にかけての試合期と、秋から冬を経て春にかけての冬期トレーニング期に大別できます。それぞれでトレーニングの内容や計画の立て方が異なりますので、その時期に合った計画を立てる必要があります。

　共通するのは常にPDCAサイクルを繰り返し、計画的かつ状況に応じて柔軟に修正しながら進歩していくことが重要です。

11月を起点に 年間計画を考えよう

　1年間を大きく分けると、「試合期」と「冬期トレーニング期」の2つの期に分けることができます（図4-2）。1年の始まりは1月1日、学年の始まりは4月1日ですが、スプリント種目での1年の始まりは11月といってもいいでしょう。試合期が終わる11月を起点に、1年間の計画を立てましょう。

　試合期は、春から秋にかけての暖かい時期です。冬の気温の低い時期は試合には寒すぎますから、あまり試合は行われず、シーズンオフとなります。シーズンオフトレーニングのことを「冬期トレーニング」とよびます。そのなかで、さらにいくつか細かく期間を分けてトレーニングを変化させていきます。各期間の目的をしっかり理解し、トレーニングを行いましょう。

　冬期トレーニングの始まる前、11月に、前のシーズンを振り返り、自分の良かったところと足りないところ、伸ばしたい、伸ばさなければならないところを明確にしましょう。翌年の試合期に到達したいことを明確にし、それを実現するには、どこをどう修正、改善したらいいか、具体的に挙げましょう。

図 4-2 年間のトレーニングサイクル

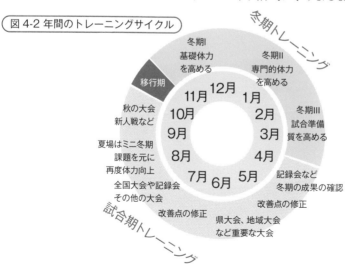

冬期トレーニングの計画

試合のない冬期は、トレーニングをするうえではとても大切な期間です。半年の間、計画的にしっかりとトレーニングを積むことができたら、春には全く別のすごい選手に変身しているでしょう。

冬期トレーニングの流れ

　図4-3は冬期トレーニング半年間の流れを示しています。冬期トレーニングは大きく3つのトレーニング期に分けられます。冬期に入ってから行う順番で、「基礎体力トレーニング期」「専門体力トレーニング期」「試合準備期」です。

　また、トレーニングの計画を立てるときは、さらにそのなかにトレーニングする期間と回復する期間をつくります。トレーニングする期間は2週間から20日ほどの長さで、私はこれを「ステージ」とよんでいます。次のステージに進む前に4日から1週間ほどの回復期間を設け、ステージでの疲労を抜きます。仮に2週間のステージと、1週間の回復期を繰り返すと、11月初めから3月末までに7つのステージをつくることができます。

　7つのステージは、そのときのトレーニング期に応じたトレーニングの内容、質と量を設定します。このステージの繰り返しで、疲労と超回復を繰り返し、春までに体力レベル（筋力、スピード、持久力など）を高めることができます。

基礎体力トレーニング期
（ステージ1〜3、11〜12月）

　基礎体力トレーニング期では、種目特性の強い練習、例えばスタートダッシュやトップスピードのトレーニングなどはあまり行わず、補強トレーニングやウエイトトレーニングなどの体づくりのトレーニング、ゆっくりとした走りのトレーニング、短いダッシュでも繰り返し走ることで有酸素系代謝能力を高めるトレーニングなどを行います。また走るトレーニングでは本数を少し多めに設定して走るようにしましょう。

　特にスプリンターにとっては大きなパワーを発揮するための体づくり、土台づくりがとても大切になります。この時期にたくさんの補強トレーニングを実施しましょう。また、高校生以上でウエイトトレーニングを取り入れている人は、ここで筋肉を大きくするようなウエイトトレーニングに取り組みましょう。

図4-3 冬期トレーニングの流れ

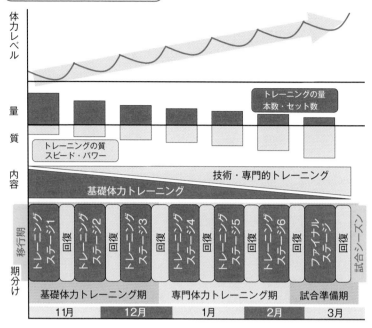

体力レベル

量

質

内容

期分け

トレーニングの量
本数・セット数

トレーニングの質
スピード・パワー

技術・専門的トレーニング

基礎体力トレーニング

移行期｜トレーニングステージ1｜回復｜トレーニングステージ2｜回復｜トレーニングステージ3｜回復｜トレーニングステージ4｜回復｜トレーニングステージ5｜回復｜トレーニングステージ6｜回復｜ファイナルステージ｜試合シーズン

| 基礎体力トレーニング期 | 専門体力トレーニング期 | 試合準備期 |
| 11月 | 12月　1月 | 2月　3月 |

表4-1 基礎体力トレーニング期のトレーニング例

ステージ1（100m系400m系共通）

	ウォーミングアップ	サブ（ストレングス系）	メイン（ラン、ジャンプ系）	ダウン
月	メディシンボールアップ	体力づくりサーキット 10種目各2セット	ミニハードル往復走（2m x 30台） 1.5往復、1往復、片道ウォークバック	ジョギング、ストレッチ
火	エンドレスリレー5x100mR x10本（jog〜流しまで徐々に）	ウエイトトレーニング（10回 x3セット） スクワット、デッドリフト、ハイプル	ボックスジャンプ各種 バウンディング10本、ホッピング5本xLR	ジョギング、ストレッチ
水	メディシンボールアップ	体力づくりサーキット 10種目各2セット	重いスレッド走（15kg） 30m sled+30m sled+50m dash x5セット	ジョギング、ストレッチ
木	Rest			
金	メディシンボールアップ	体力づくりサーキット 10種目各2セット	セット走　150-120-100-80 x3セット 80%のスピードで、フォーム重視	ジョギング、ストレッチ
土	エンドレスリレー5x100mR x10本（jog〜流しまで徐々に）	ウエイトトレーニング（6回 xLRx4セット） リバースランジ、ブルガリアンスクワット 片脚ボックスクリーン	急坂ダッシュ　80-60-40 x5セット	ジョギング、ストレッチ
日	Rest			

専門体力トレーニング期
（ステージ4～6、1～2月）

　専門体力トレーニング期では、少しずつスピードを意識したトレーニングを行います。ミニハードルやマーク走（ストンピング）などで、走速度より素早さやタイミング、姿勢などを意識したトレーニングを行うといいでしょう。またバウンディング、ホッピングなどのジャンプ系、坂やスレッドを使ったパワー走トレーニングも有効です。

　ただし、まだ寒い時期で、地域によっては雪に閉ざされている場合もあると思います。スピードの上がりすぎはケガにつながります。ミニハードル、坂、スレッドなどでスピードが上がりすぎることを抑制するとよいでしょう。また、体育館や校舎の廊下など、寒さをしのげる場所でトレーニングをするなどの工夫も大切です。

　補強トレーニングは引き続き実施して、体づくりを怠らないようにしましょう。ウエイトトレーニングは徐々に重さを下げ、スピードや瞬間的な力の発揮を意識したトレーニングを行いましょう。

試合準備期
（ファイナルステージ、3月）

　試合準備期では、ほぼ試合期と同じようなトレーニングを行います。スターティングブロックからのスタートダッシュや、広いミニハードルやマーク走などでトップスピードを意識したスプリントトレーニングなどを実施します。

　ただし、まだ体は試合の感覚を忘れているかもしれません。いきなり全力ではなく、正しい姿勢やタイミング、地面をとらえる感触や反力を受け取る感覚など、少し余裕のある力感の中でレースでの感覚を思い出しましょう。

　また、この時期の友達との競争は少し我慢した方がいいかもしれません。気候もまだ寒い日があるでしょうから、暖かい日を選んでスピード練習をしましょう。最後の仕上げは慎重にていねいに、が鉄則です。

表4-2 専門体力トレーニング期のトレーニング例

ステージ4（100m系）

	ウォーミングアップ	サブ（ストレングス系）	メイン（ラン、ジャンプ系）	ダウン
月	メディシンボールアップ	体力づくりサーキット 10種目各2セット	ミニハードル30台 1m/1.25m/1.5m 各5本	ジョギング、ストレッチ
火	エンドレスリレー5x100mR x10本（jog～流しまで徐々に）	ウエイトトレーニング（5回 x4セット） スクワット（速度重視）、ハイプル パワークリーン（床から）	ボックスジャンプ各種 バウンディング10本、ホッピング5本xLR	ジョギング、ストレッチ
水	メディシンボールアップ	体力づくりサーキット 10種目各2セット	軽いスレッド走（5kg） (50m sled x5, 50m dash x5) x3セット	ジョギング、ストレッチ
木	Rest			
金	メディシンボールアップ	体力づくりサーキット 10種目各2セット	セット走　60mビルドアップ x5 x3セット 70%のスピードから5本で 徐々にスピード上げる	ジョギング、ストレッチ
土	エンドレスリレー5x100mR x10本（jog～流しまで徐々に）	ウエイトトレーニング（6回 xLRx4セット） ボックスステップアップ、片脚ボックスクリーン、スナッチ（スプリット）	緩坂ダッシュ　60x5 x5セット	ジョギング、ストレッチ
日	Rest			

ステージ4（400m系）

	ウォーミングアップ	サブ（ストレングス系）	メイン（ラン、ジャンプ系）	ダウン
月	メディシンボールアップ	体力づくりサーキット 10種目各2セット	ミニハードル往復走（2m x 30台） 2往復(30秒で1本)　x5セット（セット間7分）	ジョギング、ストレッチ
火	エンドレスリレー5x100mR x10本（jog～流しまで徐々に）	ウエイトトレーニング（10回x3セット） スクワット、デッドリフト、ハイプル	ボックスジャンプ各種 バウンディング10本、ホッピング5本xLR	ジョギング、ストレッチ
水	メディシンボールアップ	体力づくりサーキット 10種目各2セット	軽いスレッド走（5kg） (50m sled x5, 50m dash x5) x3セット	ジョギング、ストレッチ
木	Rest			
金	メディシンボールアップ	体力づくりサーキット 10種目各2セット	インターバルセット走　250-200-150-100 x2セット（間60秒、セット間12分）	ジョギング、ストレッチ
土	エンドレスリレー5x100mR x10本（jog～流しまで徐々に）	ウエイトトレーニング（10回x3セット） リバースランジ、片脚ボックスクリーン	緩坂ダッシュインターバル 90m 4分に1本　x10本	ジョギング、ストレッチ
日	Rest			

試合期トレーニングの計画

日本では4月ごろから、早いところでは3月末くらいから試合が始まります。試合期は、地域のレースから、都道府県、地区大会、全国大会と、徐々にそのステージが上がっていきます。自分がいちばんパフォーマンスを出したいレースに向けてピークをつくっていくことが、試合期でのトレーニングの目的になります。

レースとトレーニングで修正を繰り返す

　4月のシーズンインのレースから、いきなり自己ベスト、ということも珍しくないでしょう。冬期トレーニングがうまくいけば、春先から記録が出ることもあります。いくらベストが出たとはいえ、「もっとこうすればよかった」というような点は必ずあります。レースを終えたら数日間の回復期間を経て、レースでの課題を見つけ、その課題解決のためのプ

ランを立て、実行します。まさに PDCA サイクルです。次のレースではしっかり課題を克服するレースをしましょう。その繰り返しによって、徐々にパフォーマンスが高まり、出したいところでピークを出すことができます。

レースに向けての調整

　レースに向けて最も重要なことは、トレーニングによる疲労を抜いて、ベストコンディションにすること。疲労を抜くにはトレーニングを少し弱める必要があ

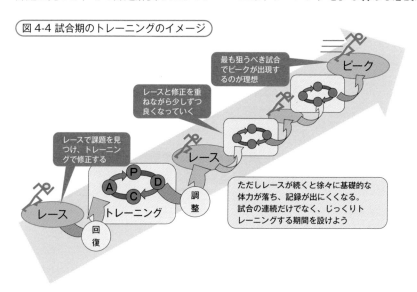

図4-4 試合期のトレーニングのイメージ

最も狙うべき試合でピークが出現するのが理想

ピーク

レースと修正を重ねながら少しずつ良くなっていく

レースで課題を見つけ、トレーニングで修正する

レース

P　D
A　C

トレーニング

回復

調整

ただしレースが続くと徐々に基礎的な体力が落ち、記録が出にくくなる。試合の連続だけでなく、じっくりトレーニングする期間を設けよう

ることは容易に想像できます。しかし、トレーニングを弱めるだけではトレーニングの効果も消えてしまいます。ポイントは何を弱めて、何を維持するかです。

レースに向けては、トレーニングの量（本数やセット数、距離、ウエイトトレーニングでは回数）を減らしつつ、質や強度（スピードや爆発的なパワー、力の大きさなど）は維持することにより、レースでのパフォーマンスが高まることがわかっています。この調整方法をテーパリングと呼びます（図4-5）。

調整はレースの7～10日ほど前から実施するといいでしょう。一気にトレーニングの量を絞り、本数、セット数は最小限にとどめましょう。その代わり、強度の高い練習、ブロックからのスタートダッシュや短い加速走、トーイングのような力強く、スピードの高い練習を数本実施するといいでしょう。高校生以上でウエイトに慣れている人は、最大値に近い重さを1回持ち上げたり、軽い重さを最大スピードを意識して2～3回実施したりするのもいい刺激となるでしょう。短時間で終え、すぐに帰って休むことも大切です。最もダメなのは、試合前に心配になって、たくさん練習をしてしまうこと。これは逆効果になるでしょう。

「鍛錬期」をつくろう

レースを重ねて、次のレースに向けての修正トレーニングを実施していると、冬につくり上げた体力が徐々に失われていきます。ある一定の成果がでたり、夏真っ盛りの試合がひと段落するあたりで、もう一度体をつくり直すトレーニングをしましょう。どんなに冬期トレーニングがうまくいっていても、それだけで試合期の半年間、ずっといい状態は保てません。試合期のどこでトレーニング、鍛錬をして、どこでレースをするか、ある程度長期的な計画も重要になります。

「移行期」でリフレッシュ

秋も深まるころ、10月中旬にはほぼ大会は終わります。来年こそは、という思いから、すぐに冬期トレーニングに入りたいと思う人もいるでしょうが、心も体も疲れ切っている状態では長くは続きません。冬期トレーニングに入る前は、必ず、2週間～1ヵ月ほどの移行期（休養やリフレッシュ）を設けましょう。

この期間はトレーニングではなく、リフレッシュする運動、例えばみんなで球技をしたり、散歩をしたり、場合によってはグラウンドに来ない期間をつくってもいいと思います。気持ちの充電期間です。練習がつらくてグラウンドに行くことを躊躇してしまう人でも、1週間も行かない期間をつくると、不思議とグラウンドへ行きたくなってきます。心も体もしっかり充電して冬期に備えましょう。

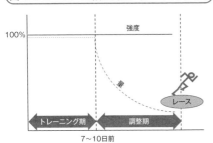

図4-5 レースへの調整方法（テーパリング）

強度を保ちながら量を落とす。量の落とし方にはさまざまな方法がある
（Mujika and Padilla 2003）

スプリント基礎技術トレーニング

軸づくり

　スプリントでパフォーマンスを高めるには、地面に発揮した力を受け取ってスピードに変換する必要があります。力を受け取るには、しっかりとした体の軸（柱）が必要です。その軸のつくりかた、意識の仕方のトレーニングをします。

両脚での軸づくり

　まずは軸がしっかりとした姿勢をきちんとつくりましょう。両脚でのジャンプでは、パートナーに肩を押さえてもらいます。

両脚立ち姿勢

脚は肩幅に開き、両脚の上に上半身の軸を乗せるようなイメージで頭までまっすぐの姿勢をつくる

両脚受け姿勢

体を若干かがめ、誰かをおんぶするようなイメージで脚と体幹を構える。お腹を締め、膝と足首を固める

両脚ジャンプ

両脚受け姿勢の状態でジャンプしよう。 足首と膝をロックし、脚の「バネ」に体重を預けて自然に弾む感覚で脚で地面を蹴る感じにならないように気をつけよう

両脚ジャンプ（人間ドリブル）

両脚ジャンプの際にパートナーにバスケのドリブルをするよう地面に叩きつけてもらう。脚で地面を蹴ろうとせず、受け姿勢で固めるだけにすることで、自然に脚のバネで弾む感覚をつかもう

片脚での軸づくり

洛南 A 姿勢（片脚腿上げホールド～ゆすり）

軸を垂直に

立っている側の手の先からか
かとまでを1本の柱にしよう

小さくゆする

軸脚を押し
下げる

上げている方の膝はできるだ
け高く、同時に軸脚が曲がっ
たり上半身がのけぞったりし
ないように注意しよう

NG　軸が垂直で
ない

NG　軸が垂直で
ない

お尻の高い位置の筋肉
が盛り上がり、そこに
キツさを感じたら正解

洛南 B 姿勢（T字姿勢ホールド～ゆすり）

骨盤を水平に

前に伸ばした手から後ろへ上げ
た脚をしっかりとまっすぐに

手脚をしっかり上げる

小さく
ゆする

骨盤が外に開きがちなので、
しっかりと骨盤の前面が真下
を向くように

NG　骨盤が開く

NG

手脚の挙上不足

スプリントという種目は、言い換えれば自分自身をできるだけ速く前に進めるということになります。そのためには地面をしっかりとらえて後ろへ蹴ることによって前への推進力を得なければなりませんが、実際に速く進み出すと、後ろへ蹴った脚が後ろに残ってしまい、間に合わなくなってしまいます。ですから、速く走るときには、地面をとらえることと同時に、できるだけ速く脚を前に戻さなければなりません。それを実現するために、できるだけ脚を体の軸のラインよりも前で動かす癖をつけましょう。このように脚を体の前で操作することを「フロントサイドメカニクス」と呼びます。

動画▶

ドリブル

アンクルドリブル

ドリブルとは、脚を前でさばくことを強く意識づけるための動きづくりです。古くから行われている「トロッティング」と呼ばれる小さい腿上げに似た動きですが、その動きとは少し違いますので、混同しないようにしましょう。

図のように体のラインよりも前で円を描くように脚を動かしましょう。特に大腿部が垂直よりも後ろへいかないように気をつけます。また地面を足の裏全体でとらえながら、足の裏を転がすように地面をとらえましょう。初めは円の大きさを小さめに、その後徐々に大きくしていきましょう。

ファーストドリブル

ドリブルで前での足のさばき方がわかってきたら、円の大きさを徐々に大きくしながら速度を上げていきます。速度を上げると、円よりも楕円を描くように、より前に大きく動かすようにしてみましょう（図）。足の裏全体で転がす意識を同じように持ちますが、自分の進む速度が速くなることによって、足の裏全体で地面に接する時間は極短くなり、最終的には足のややつま先寄りでの接地に変化してきます。

骨盤ドリル

動画▶

骨盤ドリル（ウォーク）

膝を引き上げる

着地したら逆脚はすぐに引き上げる

軸脚で押しながら

支持脚側の骨盤で「脚越しに」地面を押し下げよう

その反動で逆脚側の骨盤が引き上げられるように意識しよう

骨盤の挙上、下制の動作をしっかり出していこう

　ウォークで骨盤を使って地面を押す感覚が身についたら、徐々にスピードを上げます。スピードを上げると大きな動きは出しにくいですが、それでOK。動きよりも骨盤から地面に力を出して伝えることが大切。

骨盤ドリル（ジョギング）

1段ずつ骨盤動作を意識して

骨盤ドリル（ランニング）

1段飛ばしで素早く駆け上がる

93

軸づくりドリル

ペルビスホップ

骨盤で地面をとらえる

脚全体を
バネのように

支持脚側を支点に逆脚を引き上げる

　骨盤ドリル（P93）で行った「脚越しに骨盤で地面をとらえる」感覚を短時間の接地の中で実施しましょう。骨盤の挙上、下制の動作は必ずしも必要なく、短い接地時間の中で瞬間的に挙上、下制方向の力を発揮して地面に伝えることが大切。

ハイスキップ

重心を真上に放り投げる

脚を硬いバネにして乗り込む

　高く跳び上がるスキップを行います。その際、体の左右の軸を意識し、地面から返ってくる力をその軸で受け止めるように意識して上に弾みましょう。重心部分（おへそのあたり）にボールをイメージして、そのボールを真上へ放り上げるような意識もよいです。

スローハイニー

空中で膝の入れ替え　軸で地面を受ける　膝を高く

　ゆっくりとしたハイニー（腿上げ）です。空中で脚を入れ替えて、腿が高く上がった状態で着地しましょう。そのとき

に地面を支持脚側の軸で受けます。膝や足首を緩めて力を吸収しないように気をつけましょう。

ジグザグ走

　レーンのライン上にマークを置き、レーン幅以上のジグザグ走を行います。ジグザグに走ることで、体の軸を倒し、

遠心力を使って軸へ返ってくる力を感じやすくなります。左右の軸でしっかりそれを感じながら走ってみましょう。

動画▶

加速局面のトレーニング

前傾姿勢の感覚とポジションのトレーニング

（壁押しドリル）

押す

お尻でとらえる

空中で膝の入れ替え

手で壁を押し、前傾姿勢をつくる。その姿勢で地面を踏ん張る

体を一直線にイメージする（ただし支持脚は地面を踏ん張りやすいように、少し膝を曲げ、足首は直角に

前傾を保ったまま、左右の脚を入れ替える。着地した瞬間には逆脚が高く上げられているように、タイミングがずれないように左右を入れ替える

左右の脚が入れ替わった瞬間に、今度は逆足で地面を踏ん張る

（台車押しドリル）

着地脚の膝を引き出し脚の膝が追い越す

蹴る脚より引き出す膝や腰を前へリードする

台車で体を支えながら前傾姿勢をつくる

壁押しと同様に、左右の脚の入れ替えを意識して、地面を踏ん張るタイミングで逆脚がしっかり前に出ているようにタイミングを合わせて地面をとらえる

地面を押すタイミングで逆脚が前へリードしているように

動画▶

スタート時の重心移動のトレーニング

立位から前に崩す力を利用した重心移動を身につけましょう。

動画▶

スタンディングから倒れ込んでスタート

重心を拾うように

立った状態から体の軸を前に倒し、重心を脚で「拾う」ように進もう

中腰姿勢から重心を移動してスタート

重心を拾うのは同様

中腰姿勢から前に崩し、重心は水平移動させながら前に進めよう

3ポイントスタート

重心を拾う

重心を水平に押し出す

片手をついてクラウチングにより近い姿勢から、重心を水平移動させよう

97

ブロッククリアランス

ブロックからのスタート練習はシーズン中の定番練習です。下記のような手順でトレーニングするといいでしょう。

① 30m 技術確認 × 1-2 本

全体の動きをコントロールできるスピード（60 − 80%）で動きを確認しましょう。

また、「セット」の状態で腰を水平に引っ張ることにより、ピストルが鳴ったときにどの方向に力を発揮したらいいか、確認することができます。

「スタートで体が浮いてしまう」「動き出しが素早くできない」など、ブロッククリアランスに課題がある人は、この練習で解決することが多いです。試してみましょう。

セット　スタート

動画▶

② 10m（ピストルあり）× 1-2 本

ピストルの音への反応を練習します。音を聞いたらすぐに体を反応させ動き出す練習です。素早く反応しながらも正確に重心を前に進めましょう。

かかとをつける　引く　押す　重心を拾う

ブロックを蹴ることと重心を前に押し出すことをイメージして

次の脚が遅れないように最短距離で直線的に引き出す

③ 30m（ピストルあり）× 3-5本

この距離では1次加速（しっかり前傾して加速する）の局面の動きを確認します。きれいな動き、技術だけでなく、力強く地面に力を発揮し、それを受け取って速度に変換することが大切です。

1次加速（5～20m）区間の走りのイメージ

すねを前傾

Z形からI形へ膝、股関節の伸展を使ってキック

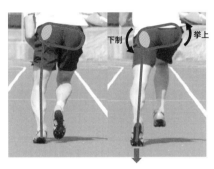

下制　挙上

股関節の伸展のパワーだけでなく、骨盤を三次元的に使った動きをすることで、より大きなパワーを出せるようにしましょう。左の写真のように、ヒップロック動作（骨盤の挙上・下制）を使うことにより股関節の伸展筋群に加え、中臀筋などのヒップロックに作用する筋も作用させ、キックを強くすることができます。

④ 50～60m（ピストルあり）× 2-3本

③で行った1次加速に続いて、2次加速（体がある程度起き上がった状態での加速）局面の練習です。30m付近から体が起き上がった状態で、お尻のエンジンで地面をとらえて加速しましょう。重心が浮き上がりすぎないことと、膝と足首のロックが重要です。

2次加速（20～50m）区間の走りのイメージ

重心は浮かないように、やや斜め下方向に緩い坂道を下るようなイメージで

膝と足首をロックして脚全体で地面をキック

レジスタンス（レジステッド）走トレーニングは、坂やスレッド（そり）などによって負荷を与えて走るトレーニングです。負荷をかけることによって筋力トレーニング的な効果も当然あります

が、実際のレースのときに負荷がかかる局面、すなわち加速局面での技術的なトレーニングにもなります。狙う局面の動きを意識して実施することが大切です。

坂ダッシュ

急な坂（3%以上）

体の前傾を意識する

着地のときに引き出し脚を前にしっかり引き出す

Ｚ形→Ｉ形をしっかり意識し、すねをしっかり倒す

急な坂では1次加速を意識して、ブロッククリアランス後のしっかりとした前傾を意識して走りましょう。急な坂であるほど、股関節だけではなく、膝の関節もある程度使う必要があります。また、

骨盤ドリル（P 93）で意識した骨盤で地面を押す動きも意識しましょう。

※ 3% = 100m 進んで 3m 高さが上がる勾配

緩い坂（3%以下）

緩い坂では2次加速局面を意識します。体の前傾はある程度にとどめ、体が起きた状態で股関節やお尻の高い位置で地面をとらえるように意識しましょう。

重心を地面から離しすぎず、斜面に向かって重心を落とし込むような意識で重心を進めます。

◀動画

スレッド走

スレッド（そり）を引っ張って負荷をかけて走るトレーニングです。スレッドに載せる重さは人それぞれですが、しっかり前傾しないと引っ張れない重さのスレッドを重いスレッド、体をあまり前傾しなくても引っ張れる重さのスレッドを軽いスレッドと考えていいと思います。

スレッドは腰のあたりにつけるのが最も一般的です。腰のあたりは重心の周辺なので、より自然に負荷をかけて走ることができます。ただし、骨盤の動きが出しづらいという欠点もあります。

肩に取り付けるタイプのベルトを利用して、少し高い位置に負荷をかける方法もあります。腰のあたりは自由に動かせるので、骨盤の動きを意識することができます。ただし、体を起こされやすかったり、逆に肩から前に突っ込んだ姿勢になりやすかったりするので、そうならないように意識することが大切です。

スレッドのひももできるだけ水平に近づくように腰の高さの3倍以上の長さにしよう

重いスレッド

体の前傾を意識する

重心を前方や下方にすべり落とすように投げ出す

Z形からI形の動作、すねをしっかり倒す

重いスレッドでは急な坂と同様に1次加速を意識して走ろう。重さを最も感じなくなるラクな動き方を探求すると技術的なトレーニングにもつながります。

軽いスレッド

膝と足首をロックし脚全体でスイング

軽いスレッドでは2次加速を意識しましょう。お尻の高い位置に負荷を感じるように意識し、膝と足首のロックも忘れずに。

動画▶

101

ミニハードルを使ったトレーニング

ミニハードルでのトレーニングは初心者からトップレベルの選手まで多く取り入れています。ミニハードルのトレーニングはその方法や意識するポイントを変えることによって、さまざまな目的に使える便利なトレーニングです。

ミニハードルの目的、意味

ミニハードルは一定の間隔に置いたり、ときには間隔を変化させて置くこともあります。そしてミニハードルの間隔は、そのときの走りのストライドを規定することになります。したがって、ミニハードル走で速く走る場合、ピッチを速くする必要があります。自分のベストのストライドよりミニハードルを狭く設定することで、ピッチが高まり、ピッチを高める筋群を刺激することができます。

また、ベストストライドよりも広く設置する場合、より大きなストライドでの走りをシミュレーションすることができます。その場合、ストライドが大きくなっても上下動をできるだけ起こさないよう

にすることで、ピッチとの両立が可能です。

ミニハードルを越えながら走ることのもうひとつの意味として、ミニハードルの高さによる効果があります。ミニハードルの高さは物によってまちまちですが、12cm くらいが標準です。12cm はそれほど高くありませんが、それでもその高さがあることにより、しっかりと腿を引き上げ、脚を前でさばかなければうまく越えることができません。脚が後ろへ流れる人や、トップ選手であっても脚を前でさばくことや上がった脚を着地に向けて素早く振り下ろすための意識づけに、ミニハードル走はとても効果があります。

1.0 〜 1.25m（狭く感じる広さ）

1.0~1.25m の狭い間隔で実施する場合、脚（靴の部分）を上下に縦に動かす意識で素早く動きます。左右の脚が空中で入れ替わり、着地の瞬間には逆脚の腿が高く上がっていることが大切です。着地は重心の真下にとらえ、骨盤から脚越しに地面をとらえ、垂直方向に力を受け取るような意識を持ちましょう。また、体を空中へ放り上げすぎず、次の着地に向かって落ちるような意識を持って。

1.25 〜 1.75m（やや狭く感じる広さ）

1.25 〜 1.75m のやや狭い間隔で実施する場合、狭いときと同様に縦方向に大きく素早く動くことに加えて、前進の要素が入ってきます。次の着地に向かって重心を移動させる意識を持ちましょう。

また、靴の部分が円を描くように動かします。移動しながらだと、骨盤から地面をとらえるのが難しくなってきますので、その意識もより強く持って地面をとらえましょう。

2.0m 前後（全力疾走でちょうど良い）

2m前後のちょうど良いストライドでは、狭い間隔のときから意識している縦動作と、重心を着地する足に乗り込ませる前動作の両方を意識する必要があります。ゆったりしたリズムで入れば難なくできると思うので、きちんと意識できたら、次はその動きにピッチをつけることで速度を上げてみましょう。ピッチを上げるには上下動をなくし、下り坂を駆け下りるようなイメージにするとうまく地面をとらえながらピッチをつくることができます。

広いミニハードル（マーカー走）

自分のベストストライド（全力疾走でちょうどよいストライド）よりもやや広めで行うことで、ストライドを広げることを目的としたトレーニングをすることができます。広いストライドは脚を大きく動かすのではなく、地面をしっかりとらえることで生まれます。しっかりととらえることでストライドが出るという感覚を身につけましょう。ミニハードルが高すぎると難易度が高くなります。低いミニハードルや、マーカーなどを利用して高さを下げた方がやりやすい場合もあります。

1.0 〜 1.25m（狭く感じる広さ）

1.25 〜 1.75m（やや狭く感じる広さ）

2.0m 前後（全力疾走でちょうど良い）

動画▶

トップスピードをつくるトレーニング

トップスピードは特に 100m においてはパフォーマンスを決定づけるとても重要な要素です。100m のトレーニングはこのトップスピードを上げるトレーニングだといっても過言ではないでしょう。200m や 400m、その他の種目にとってもトップスピードはとても重要です。

走速度はピッチ×ストライドですから、トップスピードを高めるには、ピッチを高めるか、ストライドを大きくするか、いずれかが必ず必要になります。また同時に、ピッチを高めるときはストライドが小さくならないように、ストライドを大きくするときは、ピッチが落ちないようにそれぞれ注意する必要があります。

ピッチを高めるトレーニング

ピッチとは、1 歩にかかる時間です。ピッチを高めるには接地時間と空中時間を短縮することで実現できます。また、それは同時に重心の上下動の大きさで説明することもできます（P32）。すなわ

ち、ピッチを高めるためのトレーニングは、走りの中でストライドを維持しつつも、重心の上下動を小さくする意識をつくることが大切です。

ストンピング

ストンピングはマーク走の1つの種類です。マークを全力疾走時のベストのストライドより、1〜2足長程度短くなるように 10 〜 20 個程度置きます。マークに向かって走り込み、ある程度加速した状態でマークのところを駆け抜けましょう。その際、しっかりと上がった腿

を振り下ろして強く足踏みをする感じ（ストンピング）で動かしましょう。重心が浮いてしまうと強く地面をストンピングできません。次の着地に向かって重心を落とし込むような意識で走りましょう。

すねを真下に下ろす　膝を引き出す　しっかり踏む

下り坂走

緩い下り坂（1％程度の勾配）で走ります。ピッチは脚の回転というイメージがあるかもしれませんし、それもとても大切な要素ですが、もっと大切なのは重心の上下動を抑えることです。体が地面から離れてポンポン弾んでしまうと、ピッチは上がりません。下り坂走では、走る人に対して地面はどんどん下がっていくわけです。ですから、走る人は下り斜面に対応して重心をより下向きに投げ出す必要があります。「下り斜面に沿って重心を滑らせるように」イメージしながら走ってみましょう。その後同じ感覚で平地で走りましょう。

下り坂走マーク走（ミニハードル走）

前述のマーク走と下り坂走を併せて行うことも効果的ですが、やや難易度が高くなります。下り坂で、やや狭く感じる広さでのマーク走から、徐々に広げてストライドを出しながらも、上に弾まない、上下動の少ない走りをすることで、ピッチとストライドの両立を目指します。

動画▶

105

ストライドを大きくするトレーニング

走っているとき、特にスプリント中のストライド（歩幅）は、短くなる接地時間の間にどれだけ大きな力を出して、それを体で受けられたかで決まります。

地面に対して力を出すことと、それを受けることのできる姿勢、さらに力を出すことと受けることのタイミングが合っていることが大切になります。ストライドを大きくする練習はそれらを磨くことであると理解しましょう。

バウンディング（リフティング）

バウンディングはいわゆる大股（おおまた）走です。大きなストライドでジャンプしながら進みましょう。大切なのは着地の瞬間にタイミングを合わせて、地面に対して垂直に大きな力を発揮することです。必ずしも大きな動きをする必要はありません。大きな力を地面に出し、それを受け止めて、身体が空中にふわっと浮く感覚を持ちましょう。

地面をとらえるときは後ろではなく真下に。地球の中心を蹴ろう

体をしっかり「浮かせる」感じで空中に長く滞留するように意識しよう

マーク後は力を出すタイミングを維持しながら自然に走る

70%程度のスピード感で

マーク間は自然なストライドの1.5倍を目安にしよう

脚のバネで重心を上にしっかり "浮かせる"

◀動画
P106-109

スピードバウンディング

スピードバウンディングは全力疾走に近いスピードで走りながら大股走をします。素早くパーンパーンと脚をさばきながら進みますが、バウンディング（リフ ティング）でやった着地の瞬間の地面のとらえと、それを体の軸でしっかり受け止めることを意識して実施しましょう。

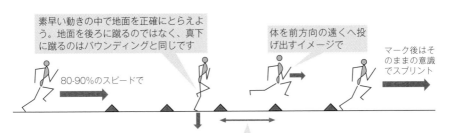

素早い動きの中で地面を正確にとらえよう。地面を後ろに蹴るのではなく、真下に蹴るのはバウンディングと同じです

80-90%のスピードで

体を前方向の遠くへ投げ出すイメージで

マーク後はそのままの意識でスプリント

マーク間は自然なストライドの1.5倍を目安にしよう

バウンディングのとき上向きに使った力を前方向へ使う

片脚デプスジャンプ（バウンディングがうまくできない人）

バウンディングがうまくできない人は、片脚デプスジャンプから始めましょう。

ボックスから落ちながら、体の軸をしっかりつくり、落ちた力を軸で受け止め、次のボックスの上に乗ります。その際、前に移動しながら真下に力を出し、その力を軸で受け止めて浮き上がる、という感覚をつかみましょう。

しっかりロック

骨盤で支持脚のバネに乗る

引き出し脚を骨盤ごと引き上げる

ホッピング

ホッピングは片脚でバウンディングをする、大きなケンケンです。バウンディング（リフティング）と同じようなイメージで、着地したときに体の軸でしっかり力を発揮し、返ってくる反発を受け取ります。しっかり垂直方向に力を出すことと、体が「浮く」感じになることが大切です。

また、同じ脚で繰り返しジャンプするので、脚が地面を蹴り切るようになると、脚を前に戻すのが遅れてうまくできません。蹴った脚はすぐに腿を上げた状態まで前に引き戻すことが大切です。左右で得意側、苦手側ができます。苦手側を得意側にできるだけ近づけることで、走りの左右のアンバランスも改善できます。

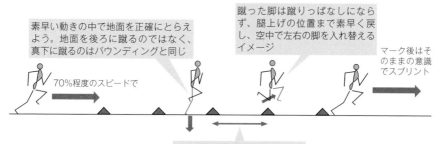

素早い動きの中で地面を正確にとらえよう。地面を後ろに蹴るのではなく、真下に蹴るのはバウンディングと同じ

蹴った脚は蹴りっぱなしにならず、腿上げの位置まで素早く戻し、空中で左右の脚を入れ替えるイメージ

マーク後はそのままの意識でスプリント

70％程度のスピードで

マーク間は自然なストライドの1.5倍を目安にしよう

脚のバネに乗るイメージ、骨盤で地面を受ける

蹴った後はすぐに膝を前へ引き戻す

コンビネーション（ホップ→ステップ→ホップ→ステップ）

バウンディング（ステップ）とホッピング（ホップ）を交互に行うのもいいでしょう。バウンディング、ホッピングと同じセッティングで、右→右→左→左→右…と着地します。ホッピングは左右のバランスが難しいので、交互に行うことでそれが解消できます。

ミニハードル乗り込みスキップ

通常のスキップと同じ動きですが、ミニハードルを置くことで、ハードルの先の次の着地に乗り込む練習です。前に移動しながら、垂直に地面をとらえる感覚を身につけましょう。「自分の脚はバネだ」という感覚を持ち、そのバネの上に自分の体重を乗せ込んでいくことで、脚のバネを利用して弾む感覚を身につけることができます。

スキップをするときに乗り込む脚の方へ体が横にできるだけ傾かないように意識しましょう。左右の軸をまっすぐ保つことが大切です。

ミニハードルを越えるときに左右の脚を踏み換え、次の着地の足の真上に腰を素早く移動させるように乗り込む

軸で受けた力を使って体がふわっと浮き上がるイメージで

70%程度のスピードで

ミニハードル後はそのままの意識でスプリント

脚を踏み替え、重心の乗り込みのタイミングに合わせてしっかり地面を垂直に押す。その力を軸で受ける

ミニハードル間は自然なストライドの2倍前後の距離から始めよう広げられるようなら、徐々に広げよう

その反発をもらって浮く

硬いバネの上にしっかり重心を乗せる

加速走

　加速走は、10 〜 20mほどの助走距離を使ってスピードを上げ、トップスピードでの体の使い方や、接地の感覚などを身につけるトレーニングです。加速の後に走る距離は 30m、50m、100mなどがあります。距離が長くなるほど、スピードを持続するためのトレーニングに近くなっていきます。タイムを計測し、P154 の表を参考に自分の走りを分析してみてもよいでしょう。100m を希望のタイムで走るための加速走の目標タイムを定めることで、より目的意識が高まります。

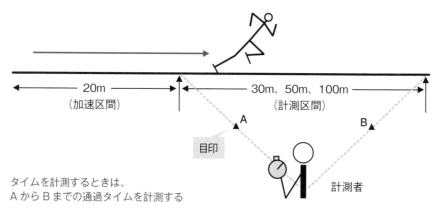

| 20m（加速区間） | 30m、50m、100m（計測区間） |

目印

計測者

タイムを計測するときは、
A から B までの通過タイムを計測する

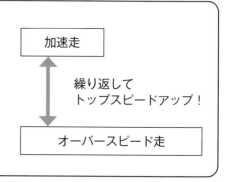

ADVICE

次頁にある「オーバースピード走」と併せてトレーニングを行うと効果的。オーバースピード走で速い速度に対応する感覚を覚えて、加速走でそれを実践してみよう。ただし、加速走とオーバースピード走は、ともに最大の速度で走る負荷の高いトレーニング。本数があまり多くならないように気をつけよう。

加速走

⬍

繰り返して
トップスピードアップ！

オーバースピード走

オーバースピード走

オーバースピード走は、特殊な機材を用いて、自分の持っているトップスピード以上の速度（以下オーバースピード）での走りを体験することを目的にしたトレーニングです。オーバースピードでの走りに対応する走りを繰り返し実施することで、その速度での走り方や力の発揮方法などを身につけることができ、最終的にはその速度に近い速度にまでトップスピードを引き上げることができます。オーバースピード走は、自分の持っている速度以上で走ることを目的としていますので当然、ケガや事故のリスクがあります。オーバースピード走のトレーニングに慣れている指導者の指導のもとで実施しましょう。

チューブを用いたオーバースピード走

伸縮性の強いゴムを用いて行うオーバースピード走トレーニングです。パートナーにチューブの一端を保持してもらい、反対の端を走る人の腰につけます。ゴムの縮む力を使って加速し、オーバースピードを達成します。

チューブを用いたオーバースピード走は、チューブがしっかり伸びている走り出し付近では強い力を受けて加速しますが、トップスピード付近ではチューブはすでに縮んでいて、あまり張力を出せません。ですから、どちらかというと、「トップスピードに到達するまでを助けてくれる」役割があります。それでも力をあまり使わずにトップスピードのトレーニングができます。

滑車を用いたオーバースピード走

パートナー2人に手伝ってもらい、パートナーAが一端を固定、パートナーBが同滑車を走る人の方向と同じ方向へ引っ張ります。走者はそれにより、Bの倍の速度で走ることになります。Bはある程度思いっきり走り、走者を引っ張りますが、Aが走る人の速度を見て、牽引の強さを調整する必要があります。できれば指導者がAの役割をするといいでしょう。

滑車の場合は、トップスピードになっても牽引力を走者に与えることができます（下図）。チューブよりオーバースピードでの走りを実現しやすくなりますが、スピードが出すぎる場合もあるので、注意が必要です。

特殊な機材を用いたオーバースピード走

高価な機材なので中学校や高校の現場では難しいかもしれませんが、大学では実施しているところも多くあります。

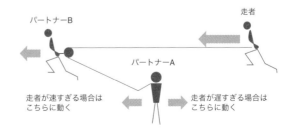

パートナーB

走者

パートナーA

走者が速すぎる場合はこちらに動く

走者が遅すぎる場合はこちらに動く

イン＆アウト走（ウェーブ走）

アクセルを踏むようにドライブをかける局面（イン）と、力を抜いてその速度を維持してタイミングだけで走る局面（アウト）を交互に繰り返すトレーニングです。リラックスして力を使わずに進む走りや感覚を身につけます。特にリラックスして走る局面の感覚よく、かつ、スピードをあまり失わずに走れるように、距離や繰り返す回数などを調整しましょう。

例：120m Ins&Outs

20m 加速–20m リラックス–20m ドライブ–20m リラックス–20m ドライブ–20m リラックス

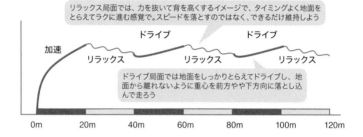

リラックス局面では、力を抜いて背を高くするイメージで、タイミングよく地面をとらえてラクに進む感覚で。スピードを落とすのではなく、できるだけ維持しよう

ドライブ

ドライブ

加速

リラックス

リラックス

リラックス

ドライブ局面では地面をしっかりとらえてドライブし、地面から離れないように重心を前方やや下方向に落とし込んで走ろう

0m　　20m　　40m　　60m　　80m　　100m　　120m

スプリントセット走

200m 以内の長さのスプリント 2〜3 本をセットにして行います。後半の本数では、速度維持局面を意識し、疲労を感じる中でのフォームの維持や、特にピッチ、リズムが落ちないように意識することが大切です。セットの組み方にはいろいろありますので、自分に合ったセットを見つけてみましょう。

スプリントセット走の例

・120m（90%）+ 120m（100%）（間は 120m ウォークバック）

1 本目の 120m は予備負荷的に行い、2 本目は 1 本目の疲労が残る中でのフォームとリズム維持を意識して走る

・100m（100%）+ 100m（100%）折り返し（間は折り返してすぐスタート）

1 本目フルスプリント後に折り返して 2 本目のフルスプリント。強度が高すぎる場合は距離を 80〜60m に短縮してもよい。走り切れる距離を選択しよう。

・150m（90%）+80m（100%）（間は 80m ウォーク、もしくは折り返し）

1 本目の疲労の中で 2 本目の 80m をしっかりと走る。距離が短いので、走りをまとめやすい。

ロングフルスプリント

200〜300m の距離を 1 本全力で走ります。100m スプリンターにとっては非常に長い距離ですが、距離に対する抵抗がなくなることや、順応することで、100m の後半部分の余裕が変わってきます。フィニッシュラインまでしっかり走ることと、フォームが暴れたり力んだりしないように意識しましょう。30 秒前後になる距離を選ぶのが最もいいでしょう。

スリーギヤ走

まずは 20 mごとに、①〜③のギヤを 1区切りずつ練習します。次は①と②、②と③をつなげて行います。最後に①〜③を通してレースに近い練習をします。各ギヤでは次の点に注意します。①はスターティングブロックを使い、スピードをゼロから約90％まで上げる1次加速

の練習。パワーを発揮しスピードに乗りたい。②は、約90％から100％のスピードに上げる2次加速。空回りせず、重すぎない中間的なギヤを磨こう。③は、トップスピードから速度維持局面。スピードが上がらないなかで、ラクに走りながら減速しないように注意する。

1セット目 ①〜③ギヤを1つずつ練習する　※点線は歩いてつなぐ

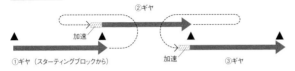

2セット目 ①から②ギヤ、②から③ギヤのつながりをスムーズに

3セット目 ①〜③ギヤをスムーズにつなげる

3つのギヤのポイント

	①ローギヤ	②セカンドギヤ	③トップギヤ
姿勢	・体は適度な前傾 ・体幹をまっすぐに保つ	・体はほぼ起きるが、やや前傾 ・肘を抱え込みすぎない	・体は直立、わずかに前傾 ・肩を下げ、リラックスする
感覚	・体が前に倒れる作用と、体を起こすキックのバランスを意識	・地面をグリップするようにとらえる ・お尻の筋肉で地面を体の下へ引きずり込むイメージ	・地面を体の真下でとらえて弾む ・着地する瞬間にアクセントをつける
ポイント	・ピッチを上げすぎると体が浮き上がりやすい ・脚にしっかり体重を乗せてキックする ・すねの角度を変えない	・お腹を締めて起き上がりすぎないように ・膝の角度をロックして脚全体でキックする	・接地時間を短くし地面を後ろに蹴らない ・リラックスして、着地にアクセントをつけながら地面をとらえる

400mのトレーニング

　400mでは100mや200mのようなフルスプリントではゴールまで到達できません。100m、200mと同様に高いスプリント能力に加えて、高いスピードをラクに出すことができる効率の良い動きと、エネルギーを生み出す生理学的能力を高める必要があります。

クルージングマーク走

　スピードを持続させるために、高いスピードでの効率的な動きを獲得する練習です。400mのバックストレートを走るイメージで行います。400m走においてピッチに頼りすぎる走りは効率が悪く、ラストでの失速を招きます。マークを自分のちょうどいい広さよりも半足〜1足長伸ばし（東洋大学チームでは2m30を基準にしています）、空中で長めに移動するイメージで走りましょう。トップスピードに近いスピードで走りながらも、体は全体的にリラックスし、着地にタイミングを合わせて地面をしっかりととらえるところにアクセントを持って走りましょう。

400mのバックストレートの
ペースをイメージして加速

ピッチに頼らず、ストライドで走る。空中に長くとどまり、空中移動を長くするイメージ

マーク後はそのままの感覚で自然なストライドで

マーク間隔はちょうどよいストライド
＋半足〜1足長長めに

肩はリラックス　　　空中にとどまり、休むイメージ　　　着地の瞬間にアクセント

◀動画

「乳酸を使う」インターバルトレーニング

PART 1ではエネルギーがどのように供給されるかを説明しました。いわゆる無酸素性代謝が起こるような短時間でパワフルな運動をすると、それに必要なエネルギーを供給するために乳酸がつくられます（解糖系代謝）。乳酸は休憩中や弱い運動のときに遅筋に運ばれてエネルギー源として使われます（有酸素系代謝）。この「乳酸をつくる」と「乳酸を使う」を交互に繰り返すことによって、

乳酸を使ってエネルギーをつくり出す能力を高めることを狙ったトレーニングをすることができます。

乳酸をつくる　　　乳酸を使う

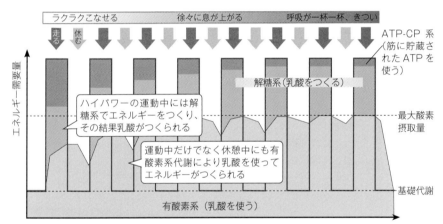

強い運動（スプリント）で必要なエネルギーを解糖系でまかない、乳酸をつくり、運動中、休憩中に有酸素系でその乳酸を使ってエネルギーをつくる。この繰り返しで有酸素系、解糖系の両方を刺激してトレーニングする。解糖系は酸素なしでエネルギーをつくり、後で有酸素系でその酸素分を解消するので、「酸素借」ともよばれる。インターバルトレーニングは解糖系での酸素の「借金」と有酸素系での酸素の「返済」の繰り返し。借金と返済の繰り返しによって乳酸をつくる能力、乳酸を使う能力が高まる。

上の図はインターバルトレーニング（8本）のエネルギー供給を簡単に示したものです。強い運動（スプリント）で必要なエネルギーを解糖系で酸素なしにまかない、その結果乳酸がつくられます。そして運動中、休憩中に有酸素系で

その乳酸を使ってエネルギーがつくられます。インターバルトレーニングではこの両方のエネルギー供給系が使われるので、乳酸をつくる能力(解糖系)と乳酸を使う能力(有酸素系)が高まるのです。

坂インターバル

坂インターバル

きつすぎない緩斜面（3％以下）で、全力に近いダッシュで10秒強かかる距離（80〜100m）を繰り返し行います。ウォッチを回して3〜4分に1本のペース、全力ダッシュ＋1秒以内のスピードで走りましょう。最初は6本程度から始めます。10本程度できるように、少しずつ本数を伸ばしてみましょう（東洋大学チームでは90mの坂を3分に1本、最大で15本程度まで実施しています）。

ショートスプリントインターバル

60〜100mの距離を往復で繰り返し走ります。1分に1本（走りと休憩を含めて1分）で、初めは5〜6本程度からスタートし、慣れてきたら10本走れるようにしましょう。

ステージアップ40秒走

女子400mで日本のトップを数多く輩出された川本和久（故人）先生が考案したトレーニングです。男子は220m、女子は200mくらいから始め、1本ごとに10mずつ延ばしながら走ります。フィニッシュラインにちょうど40秒に到達するようにペースをコントロールして走りましょう。ある程度ペースが上がったら、5mずつ延ばしてもいいでしょう。4分に1本のペースで走り、40秒で走り切れなくなったら終了します。走り切れなくなる距離が10本前後になるように1本目の距離や延ばす距離をアレンジしてやってみましょう。

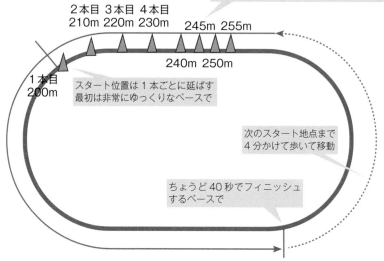

まずは8本前後で、どこまで延ばせるかチャレンジ。慣れてきたら10本以上にもチャレンジしよう

2本目 3本目 4本目
210m 220m 230m　245m 255m

240m 250m

1本目
200m

スタート位置は1本ごとに延ばす
最初は非常にゆっくりなペースで

次のスタート地点まで
4分かけて歩いて移動

ちょうど40秒でフィニッシュ
するペースで

150mを繰り返し走ります。400m
トラックでは、400mスタート地点の
50m先から、200mのスタート地点ま
で150m走り、50mウォークし、次の
150mを走るという要領で繰り返しま
す。50mは30秒〜60秒で歩いてつな

ぎましょう。これを3〜5本繰り返し
ます。走りは400mのレースペースを
意識し、スピードがしっかり出て、か
つ効率のいい動き（クルージング走法：
P62）で走りましょう。

スプリントセット走

いくつかの距離をセットにした走るト
レーニングです。組み方は無限にあり、
トレーニングの目的によって組み方を調
整する必要があります。走る距離とその
ペース、本数、1本ごとのインターバル、
セット間のレストの長さを調節すること
で、その練習の狙いや効果が変わります。

■スピード能力向上を重視したセット走

・150m-120m-100m-80m-60m × 2 〜
3set

すべて全力の90％以上、距離が短く
なるにつれて100％に近づける。イン
ターバルは次の距離のスタート地点まで
ウォーク、セット間15〜20分。

・120m-100m-80m-60m-60m-60m ×
2〜3set

すべて全力の90％以上、距離が短く
なるにつれて100％に近づける。イン
ターバルは次の距離のスタート地点まで
ウォーク、セット間15〜20分。

■解糖系能力の向上を狙ったセット走

・250m-200m-150m-100m × 2 〜 3set

90％ペース、インターバルは3〜5分、
セット間20分。インターバルが適度に
短いことが重要。回復する前に次の1本
を走ることが重要。

・200m + 200m × 2 〜 3set

インターバルは1分以内、セット間
は15分以上、十分回復させる。最初の
200mはレースペース、2本目も400m
の後半をイメージして走る。試合期に
レースパターンを習得するためにもいい。
分割の仕方を250m + 150m もしくは
150m+250mなど、自分が400mをイメー
ジしやすい組み合わせを選択してもいい。

■有酸素系能力の向上を狙ったセット走

・600m-300m-300m × 2 〜 3set

インターバルは5分、セット間は20分。
600mは100mあたりのペースを決
めてイーブンペースになるように走ろ
う。300mは90％以上のペース、疲労
の中でフォームを意識して走ろう。

・200m × 8 × 1 〜 2set

インターバルは100mウォーク、も
しくは90秒。距離は短くても、インター
バルを短縮することで有酸素系に負荷
をかけることができる。ペースは200m
のスタートからゴールのペースも一定、
本数を重ねてもそれがあまり変わらない
ようにイーブンペースを意識しよう。ま
たそれができるペースで実施しよう。

COLUMN

日本人初の9秒台までのストーリー

2013年の4月29日、織田記念陸上で南高校3年生だった桐生祥秀が10秒01で走りました。当時の日本記録は1998年に伊東浩司さんがマークした10秒00。もう少しで日本人が9秒台に突入するといわれて20年近くその夢が達成できずにいたところに、1人の高校生がそれを狙える記録を出したことに、日本だけでなく世界が驚きました。

特に日本国内は、夢の9秒台を目にしようと、陸上関係者だけでなく、一般の人々までがグラウンドへ押し寄せ、桐生が走るたびに、メディアのカメラの壁がフィニッシュラインの先に立ち塞がりました。桐生本人にとってはモチベーションにはなりますが、そう簡単に9秒台は達成できず、10秒0や1で走ってもスタンドからはため息が聞こえました。いつしかそれがプレッシャーに変わっていたことは間違いありません。

そのようななか、翌2014年の4月から、私とともに東洋大学で9秒台、2020年東京オリンピック100mのファイナルを目指して取り組むことになったのですが、当初は方向性が噛み合わず、ぶつかることも多くありました。当初、私としても桐生に取り組んでほしい方向性があり、それに取り組んでいたつもりでしたが、大学1年の秋、桐生から出てきたのは衝撃的なひと言でした。

「これまでの練習は何をやったか覚えていないし、楽しくない」

私自身、競技者時代に自分の思うようにトレーニングして、うまくいっても失敗しても、それが自分の選択によるものであり、自分の責任であるということ、それ自体がとても楽しかったことを思い出しました。桐生に対して私が行っていることは、全く一方通行であったと猛省しました。あくまでも選手が主役であり、選手が主体的に取り組み、指導者は伴走者であるべきだと。

それ以来、トレーニングの仕方や関係性を大きく変更しました。桐生が考えるトレーニングの進め方をまず第一に考え、私も指導者としてそれに意見をし、協働作業でトレーニングを進めました。時にはボクシングを練習に取り入れたり、室伏広治先生にトレーニングを依頼したりしました。洛南高校の合宿に参加して、高校時代の恩師の柴田博之先生に指導してもらうことも頻繁にありました。そうしているうちに練習中の桐生は真剣ではあるものの、いつも笑顔になってきたように思います。

表は桐生が高校3年から大学4年で9秒98をマークするまでの推移を表しています。さまざまな試行錯誤や故障などに苦しめられながらも、毎年10秒0台をマークし、シーズンベスト3の平均値は年々高まっています。10秒0台が安定して出せるようになって、初めて9秒台が達成できたのだと思います。またそれには桐生自身が主体的に取り組んだことによることが大きかったと思います。伴走者としてこのプロセスを一緒にできたことは、私にとってとても大きな財産です。

桐生祥秀の高校3年から大学4年までの競技結果の推移

		9秒台	10秒0台	10秒1台	シーズンベスト3平均	
高校3年	2013年	0回	1回(1回)	3回	10.12±0.10	4月に10秒01をマーク、脚光を浴びる
大学1年	2014年	0回		1回	10.10±0.05	5月に10秒05をマーク、9月肉離れ、アジア大会辞退
大学2年	2015年	0回(1回)	1回(1回)	2回	10.16±0.06	3月に追い風参考9秒87、その後5月に肉離れ
大学3年	2016年	0回	2回	5回	10.06±0.04	10秒01自己タイ記録、リオオリンピックでリレー銀メダル
大学4年	2017年	1回	2回	1回	10.02±0.03	9月日本インカレで日本人初の9秒98

（　）の数字は追い風参考記録

PART5

リレーの
トレーニング

PART3 で説明したリレーのテクニックは
とても難しく、大成功と大失敗は紙一重です。
ここでは特に 4 × 100m リレーにおいての
バトンパスのトレーニング方法について
紹介します。

4 × 100m リレーのバトンパス

リレーは短距離走のなかで唯一、チームで争う競技です。特に 4 × 100m リレーでは 4 人の選手のスプリント力に加えバトンパスの技術力によって結果が決まります。たとえスプリント力が劣っていたとしても、バトンパスの技術でカバーすることができれば、格上のチームに勝つことも可能です。技術的要素の高い種目ですから、トレーニング次第で大幅な記録の向上も期待できます。いかに速く、スムーズにバトンを渡すかにこだわってトレーニングしましょう。

バトンパス基礎練習

バトンその場受け渡し

4 人が並んでその場で腕振りをしながらバトンを受け渡しします。1 〜 4 走まで、バトンの軌跡が直線になるように 1、3 走はレーンのやや内側（左側）、2、4 走は外側（右）へずれて並びます。「ハイ」の掛け声で手を上げ、よく目視して相手の手の中に正しく渡しましょう。慣れてきたら、相手が手を上げる場所をある程度予測して、短時間で受け渡しが完了するようにしましょう。手の上げ方、手のひらの広げ方など、細かい点もこの段階でお互いに確認しておくことが大切です。

しっかり腕を上げる

しっかり手を伸ばして

オーバーハンドの場合は 1m20 〜 50 ほどの間隔で並ぶ

バトンは先頭（第 4 走者）まで運ぼう

受けは腕振りの範囲内で

渡しはしっかり手を伸ばす

アンダーハンドは 1m 前後の間隔で並ぶ

バトンジョギング

　ジョギングをしながら受け渡しを行います。適切な距離で並んで、レーンの左右にズレた状態で受け渡しをします。走りながらだと受け走者の手がぶれたり、

受け走者の手の中にバトンの適切な場所をつかませることができなかったりします。その場受け渡しと同様に、お互いに指摘し合うことがとても大切です。

バトン流し

　より速く走りながらバトンの受け渡しをします。スピードは80％程度の力感で、いわゆる流しのペースで行いましょう。ジョギングよりもさらに受け渡しが難しくなり、手のぶれなどの癖が出やす

くなります。また、腕振りのタイミングをよく見て「ハイ」の掛け声をかけることも大切です。どれだけコミュニケーションをとってお互いに指摘し合えるかがとても重要です。

冬期もバトンに触れよう

　リレーでのバトンパスは積み重ねのトレーニングがとても重要です。リレーのレースの直前になって慌ててバトン練習をしても、なかなかうまくなりません。シーズン中だけでなく、冬期の間からバトンに触れるようにしましょう。

　東洋大学では、ウォーミングアップで、エンドレスリレーを行っています。5人1組で4ヵ所のバトンパスをエンドレス形式でつないでいきます。1人10本走

りますが、ジョギングくらいのペースから始めて、10本目には流しよりも少し速いペースになります。

　ポイントは、渡し走者はバトンを渡す位置（ゾーンの出口より10m手前）や、相手の手へのバトンの収め方、受け走者は手の出し方と、前走者がマークに来てからの動き出しの練習も大切です。

動画▶

「トップスピードでバトンパスをする」という意識を高めるため、ダッシュからバトンパスを行うまでの場面を区切って練習を行う「パート練習」で、バトンパスのトレーニングを行いましょう。下記のように、バトンの渡し走者は、受け走者の走り出しの目印となる「チェックマーク」よりも50m以上手前から走ります。マークのところにきたら、受け走者はタイミングよく走り出すこと。P124の練習フローをもとに、問題点をチェックし改善しながらパス技術を磨きましょう

図5-1 チェックマークの設置位置

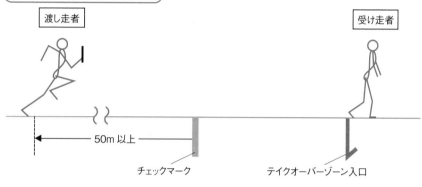

渡し走者

受け走者

50m 以上

チェックマーク

テイクオーバーゾーン入口

設置の目安

男子：7～8m（25～30足長）
女子：6～7m（20～25足長）

バトンの受け走者は、スタートを切るための目印として、トラックにテープを貼って「チェックマーク」を付けることを許可されている。まずは、上記の間隔を目安にマークを設置しよう。その後、P124のフローチャートのように試しながら、ベストの位置に調整する。

渡し走者の走り

加速距離は50m以上に

試合本番のリレーでは、100mを走ってきた後にバトンパスを行う。そのため、スピードが落ちてきている状態でバトンを渡すことになる。もしも50mよりも短いと、加速をしながらバトンパスをすることに。この感覚で練習を行ってマークを設定してしまうと、実際のレースでは渡し走者が受け手走者に追いつかなくなる可能性が高くなってしまう。オーバーゾーンで失格にならないように、練習中は、渡し走者は50m以上加速する距離をとろう。距離がとれない場合には、渡し走者が9割程度の感覚で走るようにするとよい。

タイムの計算

まず、バトンパスを行う渡し走者と受け走者、各々の40mの加速走のタイムを計測する。このとき、計測距離より20mくらい手前から走り込み、スピードに乗ってからタイムを測ること。2人のタイムを測定したら、平均タイムを計算しよう。この平均タイムが、2人の走力に見合った「バトンパスの目標タイム」となる。

同様に、バトンを用いてパスのタイムも計測し、目標タイムを目指して練習しよう。

1人の計測者がストップウォッチで正確にタイムを計測するには、下の図のように計測区間の出入口にコーンなどの目印を置く。直走路で行っても、カーブで行ってもよい。

図5-2 目標タイムの設定法

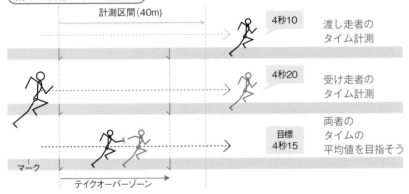

計測区間（40m）

4秒10 — 渡し走者のタイム計測

4秒20 — 受け走者のタイム計測

目標 4秒15 — 両者のタイムの平均値を目指そう

マーク

テイクオーバーゾーン

図5-3 目印を使ったタイム測定

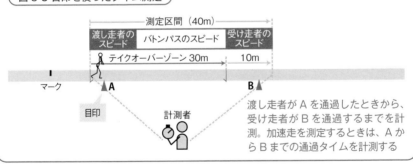

測定区間（40m）

渡し走者のスピード	バトンパスのスピード	受け走者のスピード
	テイクオーバーゾーン 30m	10m

マーク

目印 A

計測者 B

渡し走者がAを通過したときから、受け走者がBを通過するまでを計測。加速走を測定するときは、AからBまでの通過タイムを計測する

第3者チェック

パス練習では、受け走者の走りを必ず第3者にチェックしてもらおう。その際、「マークのところで正確に反応し、スタートしていたか」「スタート直後の加速はいつも通りにできていたか」という点に注目してもらう。問題があればその点を特に意識して練習をする。

中抜き練習

パート練習が終わったら、「中抜き」を行う。中抜きとは通常のレースのようにスタートからゴールまで走るが、バトンパス以外はリラックスして走り、バトンパスのところだけは全速力で走ってパスを行う。

タイムの計測　　渡し走者、受け走者2名のタイムを計測する

↓

パート練習 （バトンパスタイムの測定）

【バトンパスタイムの評価】
・目標タイム達成か？　　・前回と比べてどうか？

↓

【第3者チェック】

受け走者が ...
・チェックマークで正確に反応しスタートしていたか？
・スタート直後の加速はいつも通りであったか

【マークの移動】

・2者間がすごく詰まった ・テイクオーバーゾーンの手前で追いついた	・2足長マークを遠ざける
・2者間がやや詰まった ・テイクオーバーゾーンの前半で渡った。渡し走者に余裕があった	0.5～1足長マークを遠ざける
・2者間がやや伸びた ・テイクオーバーゾーンの後半で渡った。受け走者がやや減速した	0.5～1足長マークを近づける
・バトンが届かなかった	2足長マークを近づける

・テイクオーバーゾーンの中央付近から後ろで渡った
・渡し走者、受け走者ともにスムーズに走れた
・目標タイム達成、もしくは近い記録が出た

分習法はトータルで2～3回
それでもマークが決まらない
場合、別日に行おう

↓

中抜き練習　　バトンパスのところのみ全力で走る
ゴールタイムは目標プラス1秒前後が目安

↓

通し練習　　全力でのレースのシミュレーション

受け走者の2種の構え

パターン❶ 角度をつけて見下ろす

マークと渡し走者の距離感を正確につかむためには、角度をつけて、上から見下ろすようにチェックマークを見る方がズレは少ない。ただし、そのためには直立姿勢で待たなければいけないため、鋭いスタートを切りづらくなってしまう。距離感の把握を優先させたい場合はこの構えを採用しよう。

受け走者

前脚からスタート

上から見下ろすと距離感は
つかみやすいが、スタート
が切りづらい

パターン❷ 姿勢を低くする

鋭いスタートを切るために姿勢を低くすると、頭が下がり（場合によっては逆さまになり）、マークと渡し走者の距離感をつかみづらくなる。自分の見えやすい角度にテープ貼るなど、工夫をしよう。鋭いスタートを切りたいときにお勧めの構え

受け走者

低さを保って鋭くスタート

姿勢を低くすると距離感が
つかみにくいが、鋭いス
タートが切れる

ポイント

マークに来たら最初に動かすポイントを決め、ワンアクションで動き出そう。
例「左肘を引く」「前脚を地面から離す」「前脚を踏み込む」など。

COLUMN

リレー侍を目指そう！バトン利得率 7%！

　日本チームの 4 × 100m リレーの強さを語るときにいつも注目されるのはバトンパスですが、バトンパスの技術の高さだけでリレーのタイムを上げるのは不可能です。むしろバトンパスの技術より、4 人の走者のスプリント力の方が重要です。

　日本チームはバトンパスを磨くだけでなく、スプリント力も世界レベルに徐々に近づいていることが、世界大会で活躍できる要因です。表は私が走っていた時代から 2021 年までの日本代表の主なレースと、そのときのリレーメンバーのスプリント力（シーズンベストで表した）を示しています。1990 年代は入賞する実力はありましたが、スプリント力としては 10 秒 2 台の選手でした。2000 年台に入ると、年によっては 10 秒 1 台に入ります。ややスプリント力を高めて、2001 年から導入したアンダーハンドパスでさらにパフォーマンスを高める戦術で、数多くの入賞や北京オリンピックのメダルにつながりました。

　2016 年以降は一気にスプリントパフォーマンスが上がります。4 人の平均タイムは 10 秒 0 台となり、2017 年には桐生が 9 秒台に入ります。さらにバトンパスも改良型アンダーハンドパスを採用し、バトンパスでのタイムアップもより大きくなりました。

　ここで注目してほしいのはバトンパスによる利得率です。これは 4 人の 100m（200m）のシーズンベストの合計値から、リレータイムが何％向上したかを表します。日本のバトンパスは、良いときは 6％を超えます。さらにスプリントパフォーマンスが高まってもその精度は下がらず、最も良かった 2019 年ドーハ世界陸上では、7％に迫る利得率でした。現在、日本チームは 7％を目標にバトンの精度を高めています。もし 4 人の平均タイムが 10 秒フラットになり、7％の利得率を達成できたら、記録は 37 秒 20 となります。十分金メダルがとれるタイムです。

　利得率は下記の式によって求められます。皆さんのリレーチームは利得率何％でしょうか？

$$\text{利得率 (\%)} = (\Sigma \text{SB-RT}) \div \Sigma \text{SB} \times 100$$

Σ SB：4 人のシーズンベストの合計タイム
RT：リレータイム

表 5-1 世界大会日本代表チームのシーズンベスト平均、リレータイム、利得率

年	大会名	1走	2走	3走	4走	結果	SB 平均	リレータイム	利得率	パス方法
1992	バルセロナ五輪	青戸	鈴木	井上	杉本	6 位入賞	10.27	38.77	5.62%	オーバー
1996	アトランタ五輪	土江	伊東	井上	朝原	予選失格	10.25	DQ	―	オーバー
1997	アテネ世陸	井上	伊東	土江	朝原	準決勝落ち	10.23	38.31	6.38%	オーバー
2000	シドニー五輪	川畑	伊東	末續	朝原	6 位入賞	10.19	38.31	6.03%	オーバー
2001	エドモントン世陸	松田	末續	藤本	朝原	5 位入賞	10.20	38.54	5.52%	アンダー
2003	パリ世陸	土江	宮崎	松田	朝原	7 位入賞	10.26	38.58	5.98%	アンダー
2004	アテネ五輪	土江	末續	高平	朝原	4 位入賞	10.17	38.49	5.42%	アンダー
2005	ヘルシンキ世陸	朝原	高平	吉野	末續	8 位入賞	10.25	38.46	6.16%	アンダー
2007	大阪世陸	塚原	末續	高平	朝原	5 位入賞	10.16	38.03	6.45%	アンダー
2008	北京五輪	塚原	末續	高平	朝原	銀メダル	10.24	38.15	6.85%	アンダー
2009	ベルリン世陸	江里口	塚原	高平	藤光	4 位入賞	10.14	38.30	5.54%	アンダー
2011	テグ世陸	小林雄	江里口	高平	斎藤	予選落ち	10.24	38.66	5.60%	アンダー
2012	ロンドン五輪	山縣	江里口	高平	飯塚	4 位入賞	10.17	38.07	6.44%	アンダー
2013	モスクワ世陸	桐生	藤光	高瀬	飯塚	4 位入賞	10.15	38.23	5.80%	アンダー
2015	北京世陸	大瀬戸	藤光	長田	谷口	予選落ち	10.22	38.60	5.58%	アンダー
2016	リオ五輪	山縣	飯塚	桐生	ケンブリッジ	銀メダル	10.05	37.60	6.46%	改良アンダー
2017	ロンドン世陸	多田	飯塚	桐生	藤光	銅メダル	10.09	38.04	6.55%	改良アンダー
2019	ドーハ世陸	多田	白石	桐生	サニブラウン	銅メダル	10.06	37.43 AR	6.97%	改良アンダー
2021	東京五輪	多田	山縣	桐生	小池	予選失格	10.05	DQ	―	改良アンダー

（注）シーズンベストタイム（SB）はその年のシーズン終了時点で、その選手の 100mSB もしくは 200mSB ÷ 2 で良い方を採用した。

PART6

体づくりの
トレーニング

これまではスプリントのテクニックや
トレーニング方法を紹介してきましたが、
それら技術的なものは、
強い体をつくってはじめて効果を発揮します。
ここでは体や筋力のトレーニング方法を紹介します。

スプリントの体づくりトレーニング

スプリントでパフォーマンスを高めるには、走り方やタイミング、感覚などの技術的な要素はとても大切ですが、それだけでは速く走れません。それを実現するための体、筋力が必要です。特に冬期は来期に向けてしっかりと速く走れる体づくりに取り組みましょう。

体幹のトレーニング

スプリントで手足を素早く大きく動かすには、体の芯の部分、つまり体幹が安定しなければなりません。以下のトレーニングは体幹の安定性を狙ったトレーニングです。

エルボープランク

片脚プランク

サイドプランク

片脚ショルダーブリッジ

ブランク KtoE

反らす

対角の膝と肘を近づける

丸める

片脚ショルダーブリッジ KtoE

軸をキープしたまま

対角の膝と肘を近づける

KtoE：：Knee to Elbow

ダイナミックマウンテンクライマー

ジャンプして脚を開く

A-1 クラブより

MB クロスボール挟み

押しつぶす

MB：Medicine Ball
（メディシンボール）

グーパー

グー　　　パー

この繰り返しをゆっくりと

スタンディングバープッシュ

軽くジャンプしながらバーをプッシュ

MB スラム

強く叩きつける

クロス V 字腹筋

タッチ　　　　　　　　タッチ

動画▶

129

体幹のトレーニング（背筋・脇腹）

体幹の背部の筋（広背筋、脊柱起立筋など総称して背筋とよばれる筋群）は体幹部を安定させるだけでなく、脚全体を骨盤より高い位置から後ろへスイングする働きもあります。ストライドを大きくするためには必要な筋です。また体幹をねじる動作も重要で、ねじる力、ねじられる力に耐える力も必要です。

バックスイミング

肩甲骨を絞るように

クイックスナッチ

肩で引き上げる

足で下に押す

スタンディングプレート（ツイスト）

体幹を軸に回転

ツイスティッドシットアップ

引き上げたら胸はパートナーへ向ける

下では胸は横向き

動画▶

プレートスナッチ

ジャンプして一気に頭上へ

KBスイング

重さを乗せるイメージで

KB：ケトルベル

ツイストスプリットジャンプ

シャフトの回転を前脚のお尻で止める

ペルビスウォーク

片側のお尻を地面に接して逆側のお尻を引き上げて前へ

上半身のトレーニング

腕は直接地面に力を作用させることはありませんが、脚で力強く地面を蹴るためには、その分、腕や上半身でバランスをとる必要があります。また骨盤を積極的に動かすためにも、肩甲骨周りが柔らかく大きく動く必要があります。

(ダンベルロー)

肩甲骨を引く

(懸垂（チューブ補助）)

肩甲骨で引き上げる

チューブで補助して力づくにならないように

(ラットプルダウン（チューブ）)

肩甲骨をしっかり動かす

(ダンベルプルオーバー)

胸の筋を意識して

下腿の筋群のトレーニング

下腿の筋は上半身や骨盤周り、股関節などから伝わってきた大きな力を地面に伝えるために働きます。特に足首をロックさせてその大きな力が逃げないようにしなければなりません。動画▶

(ペンギンウォーク)

つま先を上げる

重心をかかとに叩きつけるように

腕もしっかり振ろう

(カーフレイズ)

ふくらはぎを意識

かかとを上げる

股関節屈曲筋のトレーニング（大腰筋）

大腰筋は脚を前に引き上げるときに働く筋。速いスプリンターはこの筋がとても発達しています。地面を後ろに蹴ることは当然大切ですが、蹴った脚を素早く前へ回復させることが同時に求められます。大腰筋は脚を素早く前に持ってくるときに主動的に働く筋で、スプリントの影の主役の筋ともいえます。

クイックレッグサークル

背後に壁がある意識
素早く振り下ろす
素早く引き戻す

ランニングイミテーション

上半身もぶれない
足で円を描くように素早く回す

BB レッグスイッチ

まっすぐ保ち静止
左右の膝を素早く入れ替える
まっすぐ保ち静止

BB：Balance Ball
（バランスボール）

片脚レッグフレクション（チューブ）

チューブ

軸脚のお尻を意識

お腹から膝を引き出す　　前で1秒静止

プレートレッグフレクション

お腹と大腰筋を意識　　地面にタッチせず伸ばしたら
元の位置に戻す

KBレッグフレクション

KB

骨盤から引き上げた状態　　骨盤ごと下げてタッチ　　骨盤から引き上げた
状態に戻す

KB：ケトルベル

L字ヒップフレクション

行ったり来たりを繰り返す

足先ができるだけ下
がらないように体を
L字に保とう

片方のお尻でタッチ　　お尻を浮かせて逆へ　　片方のお尻でタッチ

動画▶

133

股関節伸展筋群のトレーニング（大臀筋・ハムストリングス）

　スプリントにとって主役とよんでいい筋群です。力を出すための筋力アップだけでなく、地面を「受ける」意識と一緒にお尻やハムストリングスの使い方、感覚を身につけましょう。

片脚 CMJ

沈み込んで

跳び上がる

膝、足首をロックしてお尻で受ける

CMJ：Countor Movement Junp（カウンタームーブメントジャンプ）

片脚 CMJ with MB

沈み込んで

跳び上がる

膝、足首をロックしてお尻で受ける

BB レッグカール

かかとでボールを引き寄せるように転がす

元に戻る

スケーターズホップ

レーン幅を基準に

横へ跳ぶ

膝、足首をロックしてお尻で受ける

受けたらすぐジャンプ

再びお尻で受けて着地

動画▶

グルートワイパー

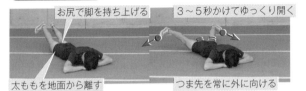

お尻で脚を持ち上げる　　　　　３〜５秒かけてゆっくり開く

太ももを地面から離す　　　　　つま先を常に外に向ける

ボルゾフジャンプ

タッチ　　　　お尻で地面を突き放す　　押した脚はすぐに　　　受けたらすぐまた
引き上げ膝は胸に　　　ジャンプ

RDL ホップ

お尻とハムストリン　　ストレッチした部　　上方向へホップ　　　膝、足首をロック
グスをストレッチ　　　分を使いながら　　　　　　　　　　　　　お尻で受けて着地

RDL：Romanian Dead Lift（ルーマニアンデッドリフト）

四股回転

軸脚のお尻を意識

片脚でピョンピョン弾みながら回転（逆回転もやろう）　　　　　A-1クラブより

135

ジャンプトレーニング

スプリントはジャンプの連続ですから、ジャンプをすることはスプリントのいちばん重要な部分を抜き出してトレーニングしているともいえます。スプリントパフォーマンスにつなげるためには、スプリントと同様に足首や膝をしっかりロックして、お尻周辺の筋で地面をとらえてジャンプすることが大切です。

ハードルを用いたジャンプトレーニング

ハードルジャンプは高さやハードルの間隔をいくつか設定して実施できる便利なトレーニングです。ただし、脚を引っ掛けて転倒するなどの事故も起こりやすいので、ゴム紐を使ったり、フレキハードルなどの引っ掛けても転倒しないハードルを用いることを強くお勧めします。

ハードルジャンプ＆受け

高く跳び上がる

お尻で受けて静止　膝、足首のロック

無理なく越えられるハードルを跳び越えて、膝、足首を固めた状態で地面を受けて落ちたところで静止します。足首は直角、膝はやや曲がった状態がベスト、地面からの力をお尻で受ける感覚をつかみましょう。

ハードル連続ジャンプ

重心を硬いバネに乗せる意識

重心が浮かぶ感覚

ハードル間を1m程度、高さは無理のない高さに設定し、連続でジャンプします。前の項目の「受け」のところで得た感覚はそのままで、受けたときの地面からの反力を使って次のジャンプをしましょう。膝や足首が屈曲しすぎないように注意しましょう。

ハードル連続ジャンプ（徐々に広げる）

浮く感覚

重心を硬いバネに
乗せながら前へ

ハードル間を1足長ずつ広げていきましょう。広げると、縦へのジャンプだけでなく、前へのジャンプに変えていかなければなりません。上半身が前後に揺れやすくなるので、それを抑えながら、しっかりと地面から受け取った反力を使って上に浮くような感覚を得ましょう。

片脚ハードルジャンプ

片脚のバネに乗る　　脚と腕の振り込み

低いフレキハードルを用いて片脚ジャンプをします。高さは膝の高さ程度、ハードル間は1.5mくらいが適切です。支持脚の足首と膝をロックし、遊脚の引き上げと骨盤の挙上タイミングをよく利用して弾みましょう。　　動画▶

安全な器具を使おう

　ハードルジャンプは、ハードルがあることで目標ができ、より高く跳ぶことができます。高く跳ぶことで、短い接地時間や短時間での大きな力発揮、バネなどを鍛えることができます。ただし、無理な高さを跳ぼうとしたり、疲労や集中力が切れた状態で跳ぶと、ハードルを引っ掛けてしまうことはよくあります。普通のハードルを使うと引っ掛けて転倒し、ケガや大きな事故につながります。写真のような当たっても問題ないハードルを利用したり、ゴム紐などをハードルに渡すなどして、安全に実施しましょう。

フレキハードルはバーが中央で分割され、自在に曲がるため、引っ掛けても転倒の恐れがない

ボックスを用いたジャンプトレーニング

ボックスを用いて、一定の高さから落ちてジャンプを行う方法です。デプスジャンプとか、ドロップジャンプなどともよばれます。

ボックスは高さが重要で、それぞれの目的に適したボックスを使うようにしましょう。また高すぎるボックスは事故やケガにつながりますので、指導者の指示に従って安全に実施してください。

両脚ボックスジャンプ

ボックスから両脚で落ちて再度ボックスに跳び乗ります。地面に落ちたときに膝や足首が緩まないようにしっかりロックを意識しましょう。

ボックスは30cm程度から始めましょう。高くしすぎると膝や足首のロックが難しくなります。

片脚ボックスジャンプ

ボックスから片脚で落ちます。1本通して同じ脚だけでケンケンをするように実施しましょう。体が斜めにならないように、できるだけまっすぐ保持し、骨盤で地面をとらえて、骨盤を押し下げて「脚越しに」地面をキックするようにしましょう。徐々に接地時間も短くできるようにしましょう。

ボックスジャンプアップ

やや高めのボックスの上に跳び上がるトレーニングです。両脚の止まった状態から跳び上がったり、反動をつけたり、両脚、片脚でなど、さまざまなバリエーションで行いましょう。ボックスがない場合は、ボックスに跳び乗る代わりに当たっても問題ないフレキハードルを跳び越えるなどの代用が可能です。

椅子からの跳び上がり（両脚）

反動をつけずに上へ

椅子などに座った状態から or 中腰姿勢から

反動あり（両脚）跳び上がり

反動を利用して跳び上がる

しっかり脚のバネに乗って

立った状態

反動あり（片脚）跳び上がり

しっかり反動を受け取る

前に出した脚に体重を乗せる

両脚もしくは蹴った脚でボックスに乗る

助走つき跳び上がり（両脚）

体重を脚に乗せる

走り込んで

動画▶

メディシンボールを使った体づくり

メディシンボールは数 kg の重さのボールを投げたり受けたりして行うトレーニングです。ストレングストレーニングの一つと考えていいですが、ウエイトトレーニングに比べて、重量が軽く投げられるので、力と速さを掛け合わせた

パワーを意識したトレーニングを行うことができます。重いボールを投げることもときには必要ですが、重さより、速さが重要です。速さが維持できる重さ（軽さ）を選ぶことが最も大切です。自分に適切な重さを選んで実施しましょう。

頭上投げ

前投げ

後ろ投げ

ワンジャンプスロー

クロス投げ

ボールと腰を同時に前へ

ショットプット

ニーキック

膝で蹴って相手に渡す

乗り込みスキップ

ボールは前で保持　　　支持脚に腰を乗せて

脚挟み投げ

ボールを挟んで

股関節で投げる

MB バックエクステンション

MB 腹筋（正面）

45°　　　　　　　お腹で受ける

MB パワープッシュアップ

ボールの両側に下りて受け止めたら
反動を使って素早く戻る

MB 腹筋（V字）

脚は浮かす　　　キャッチして素早く返す

MB 腹筋（クロス）

45°

動画▶

141

体づくりトレーニングの組み方

冬期の体づくり　サーキットトレーニングをしよう

　冬期トレーニングの特に11、12月ごろは、基礎体力の強化に取り組みましょう。「サーキットトレーニング」で筋力強化に取り組むと同時に、有酸素系代謝にも刺激を入れて全身持久力を高めます。

　サーキットトレーニングは、休憩時間を最小限にしながら、体のさまざまな部

分をまんべんなくトレーニングする方法です。PART6のこのページまでに紹介した体づくりトレーニングを各項目ごとに並べることでサーキットトレーニングを組み立てることができます。

　下記に一例を2つ紹介します。皆さんのオリジナルのサーキットトレーニングを組んでみましょう。

サーキットトレーニング例1

体幹 ①エルボープランク 60秒	→	体幹 ②片脚ショルダーブリッジ 左右30秒ずつ	→	お尻 ③グルートワイパー 3秒で開く、3秒で閉じる x5
股関節伸展筋 ⑥スケーターズホップ 20歩	←	下腿 ⑤ペンギンウォーク 200歩	←	股関節屈曲筋 ④BB レッグスイッチ 10回 x 左右
上半身 ⑦MB パワープッシュアップ 10往復	→	股関節伸展筋 ⑧RDL ホップ 10回 x 左右	→	股関節屈曲筋 ⑨プレートレッグフレクション 10回
ボックスジャンプ ⑫椅子からの跳び上がり 10回	←	体幹 ⑪プレートスナッチ 10回	←	上半身 ⑩ダンベルロー 10回 x 左右

サーキットトレーニング例2

体幹 ①プランク KtoE 10回 x 左右	→	体幹 ②片脚ショルダーブリッジ KtoE 10回 x 左右	→	体幹 ③MB スラム 10回
股関節伸展筋 ⑥ボルゾフジャンプ 10回 x 左右	←	股関節屈曲筋 ⑤KB レッグフレクション 10回 x 左右	←	上半身 ④懸垂（チューブ補助） 10回
ジャンプ ⑦片脚ハードルジャンプ 10回 x 左右 x2set	→	体幹 ⑧ペルビスウォーク 20歩	→	股関節屈曲筋 ⑨ランニングイミテーション 100歩
ボックスジャンプ ⑫助走つき跳び上がり 10回	←	体幹 ⑪ツイストスプリットジャンプ 10往復	←	股関節伸展筋 ⑩片脚 CMJ with MB 10回 x 左右

お勧め MB ウォーミングアップ

　冬期の寒い時期にウォーミングアップするのはとても難しいですが、メディシンボールを使ってウォーミングアップをするついでに体力づくりをしてしまいましょう。便利なトレーニングです。2人組でメディシンボールを使って、短時間に効率の良いウォームアップをしましょう！

図6-1 2人組でMBを使ったウォーミングアップ方法

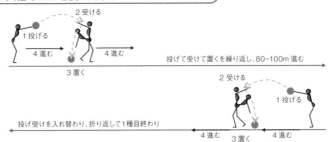

下記の12種目を実施しましょう（P140-141に種目の詳細があります）。

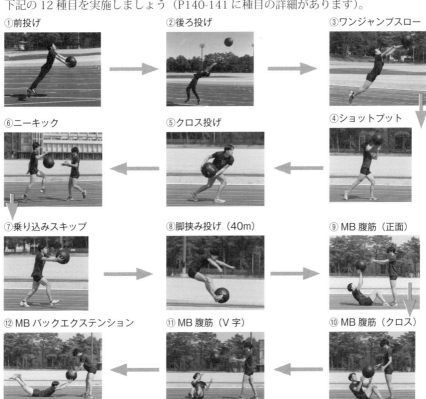

①前投げ　②後ろ投げ　③ワンジャンプスロー
⑥ニーキック　⑤クロス投げ　④ショットプット
⑦乗り込みスキップ　⑧脚挟み投げ（40m）　⑨MB 腹筋（正面）
⑫MB バックエクステンション　⑪MB 腹筋（V字）　⑩MB 腹筋（クロス）

ウエイトトレーニング

バーベルなどを使ってトレーニングを行います。スプリントでは、短い接地時間の中で大きな力を瞬間的に発揮する能力が求められます。ですから、スプリントパフォーマンスの向上を狙ったウエイトトレーニングは、最終的には大きな力と、それを短時間に発揮することにつなげる必要があります。重さにこだわりすぎず、走りからかけ離れた動きや感覚になりすぎないことが重要です。

スクワット系種目

スクワットは股関節の伸展、主に大臀筋やハムストリングスを狙った種目で、協働して動く内転筋や脊柱起立筋、大腿四頭筋も強化することができます。特に大臀筋やハムストリングスはスプリントのエンジンともいえる部分で、そこを強化する種目です。腰を痛めやすいので、重くしすぎないことや、不安定な姿勢にならないこと、ベルトをしてお腹の圧力を高めることなど、注意しながらやる必要があります。

スクワット系種目の導入

まずはスクワットのフォームを覚えましょう。両手を前に伸ばし、お腹に力を入れた状態で膝が直角になるくらいまでしゃがみます（ハーフスクワット）。そのとき、次の点に注意しましょう。

・猫背にならない。体幹は「ドラム缶」のように安定させる。
・「しゃがむ」より「お尻を後ろへ引く」イメージで。鼠蹊（そけい）部に何かを挟むような意識で。
・膝がつま先よりも前に出ない。
・膝が内側に入らない、すねは地面に対して垂直。

「しゃがむ」というより、お尻を後ろへ引くように

膝がつま先よりも前に出ないように。鼠蹊（そけい）部に何かを挟み込むように。背中はまっすぐ、体幹はドラム缶のように

BAD

NG 膝がつま先よりも前に出る

スタンスは肩幅に。つま先は平行よりやや開き気味に

下腿部（すねの部分）が並行、もしくは、やや膝を外に開くように。胸は正面に

BAD

NG 膝が内側に入る

ハーフ〜クオータースクワット

鼠蹊（そけい）部に何かを挟むように

デッドリフト

背中をまっすぐに

お腹を締める　　バーベルはまっすぐ上に引き抜くように

ワイドスクワット

ヒップスラスト

お尻を絞る

動画▶

　股関節伸展筋群を強化する最も基本的な動作です。ハーフ（膝を90度くらい曲げる）以上の深さはあまりお勧めしません。シーズン中はクオーター（膝を45度くらいの浅い深さで、お尻に重さが乗る程度まで）で素早く上げるようにして、スピードと力の立ち上がりを意識するといいでしょう。

　ハムストリングス、臀筋群などの股関節伸展筋群に加えて、体幹を起こす筋（脊柱起立筋など）にも作用します。腰を痛めないように重量を重くしすぎないこと、背中を丸めないこと、お腹の圧力をしっかり高めることなどが重要です。ヘックスバー（バーが六角形のバーベル）などを用いて行うと、腰への負担を軽減できます。

　脚を左右に開いて行うスクワットです。ハムストリングスよりお尻や内転筋に効くトレーニングです。内転筋はスプリント動作では脚を挟み込むような動作に作用する、重要な役割を持つ筋です。

　肩をベンチに乗せて、鼠蹊部にバーを乗せます。膝から上を地面と平行になるようにバーを保持し、バーベルが床に触れるまで下げます。その後腰を押し上げるようにバーを上げます。その際、お尻の筋肉をしっかりと絞るように最後までバーを押し上げましょう。膝が内側に入らないように気をつけながら実施してください。

スクワットと同様に股関節の伸展で大臀筋やハムストリングス、協働筋を狙いますが、片脚で支持するので、まず全体的なバランス性や力発揮の方向を正確に実施する必要があり、それにかかわる細かな筋も刺激することができます。また、支持脚側の骨盤で地面を押し下げ、遊脚側は引き上げるような動きをすることで、スプリント時の骨盤を使って地面をとらえるための筋（中臀筋など）を狙ったトレーニングを行うことができます。

ボックスステップアップ（上方向）

ボックスに片脚ずつ上り下りします。前腿（大腿四頭筋）側に頼らず、股関節の伸展（大臀筋、ハムストリングス）でボックスに乗り上がるような意識で行いましょう。ボックスに上がった後は、支持脚をしっかり骨盤で押し下げ、遊脚側の腿を上げ、骨盤も引き上げるようにします。

ボックスステップアップ（前方向）

1歩前へ　　その勢いでボックスに乗り上がる　　しっかりお尻を使う　　壁を使って止まる

「ボックスステップアップ（上方向）」は股関節の伸展を垂直に力発揮するように実施しますが、これは前方向への移動を意識したステップアップです。ボックスに乗る前に1歩ほど助走的に進んだ後にボックスに乗り上がります。そのときに大臀筋やハムストリングスで腰を前に進めるように乗りましょう。その後、そのまま骨盤でボックスを後ろに蹴りながら、逆脚で壁を蹴って止まります。

ブルガリアンスクワット

膝は前に出さない

片脚を後ろのベンチやボックスに置いて行います。片脚でスクワットをすると考えるといいです。バーベルが靴、膝の真上にくるように意識して下げましょう。この種目でも、支持脚側の骨盤で地面を押し切るところまで意識するといいでしょう。

片脚 RDL

下ろして

最初の
姿勢に
戻る

軸脚の膝は軽く曲げた
状態でロックする

片脚でデッドリフトをするイメージです。支持脚は膝を若干曲げた状態でキープします。背筋をしっかり決めた状態でシャフトをつま先に近づけるように前屈し、同時に遊脚をまっすぐ後ろへ上げます。ハムストリングスがストレッチされるのを感じながら前屈し、また元の姿勢に戻ります。

リバースランジ

下ろして

最初の
姿勢に
戻る

片脚で支持しながら、逆脚を後ろへ引きます。支持している方の膝が前に出ないように意識し、重心を支持脚の靴に置きながら、後ろ脚を着地させます。片脚でスクワットをやる要領で、また立位に戻ります。

片脚ボックスクリーン

支持脚側の
軸を意識

脚の力でバー
を引き上げる

前脚のお尻
に乗る

前脚を下方向に

引き上げ切った
らボックスに足
を乗せて止まる

後に出てくる「ハイクリーン」（P150）を片脚で行うものになります。ハイクリーンよりも負荷が大きく、スプリントに近い片脚支持でのパワー発揮やバランスのトレーニングになります。片脚に乗った状態でバーを膝付近まで降ろしたら、股関節の伸展と骨盤の下制（下に押し下げる）を使ってバーを胸の高さまで引き上げます。同時に後ろ側のフリーの脚を前に引き上げます。引き上げた脚をボックスに乗せて停止します。

動画▶

クリーンの動作

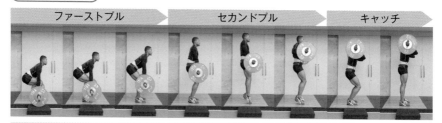

ファーストプル　　セカンドプル　　キャッチ

ファーストプルでは、お腹をしっかり締めて上半身を安定させながら床からまっすぐ上へバーベルをゆっくり持ち上げる

セカンドプルでは、バーベルが膝を過ぎたあたりで一気にジャンプするようにバーベルを真上に加速する。腕に頼らず、脚で蹴った力をバーベルに伝える

キャッチではバーベルの下に潜り込むようにすると同時に、肘を前に出して鎖骨のところにバーベルを受ける

　股関節の伸展や体幹を起こす動作、フォームによっては膝伸展の動作を狙った種目で、バーベルを高い位置まで一気に引き上げるので、短い時間で爆発的な力発揮のトレーニングになります。スプリンターにとっては最も重要な種目といっていいでしょう。

「セカンドプル」をマスターしよう

　クリーン系種目の最も重要な部分は「セカンドプル」の動作です。体幹、お尻、脚の筋群で大きな力と速度をタイミングよく出すことで、スプリントに必要なパワーのトレーニングを実施することができます。セカンドプルが正しくできないと、トレーニングの効果が期待できないだけでなく、ケガにもつながります。下記の手順に沿って、正しいセカンドプルをマスターしましょう。

1）バーを持ってジャンプ

地面を蹴る力を重心、腕を介してバーに伝える

肘は曲げず重心と一緒にバーを引き上げる

バーが空中に一瞬浮くような感じに

　バーを持ちながら、連続でジャンプしましょう。グリップは、肘を伸ばした状態でバーがちょうど鼠蹊部に当たるように握りましょう。肘を伸ばした状態で連続ジャンプし、腕でバーを上下させるのではなく、脚でジャンプする力をバーに伝えてバーが上下するようにしましょう。

2）連続ジャンプハイプル

1）と同様にジャンプをバーに伝える

3～4回に1回大きくジャンプするようにしてバーを胸の高さに引き上げる

連続でジャンプしながら、3～4回に1回、バーを胸まで引き上げます。その際、肘を曲げたり、腕の力を使ってバーを引き上げたりするのではなく、ジャンプの力をバーに伝えることによって、バーを引き上げましょう。

3）スイングアンドプル

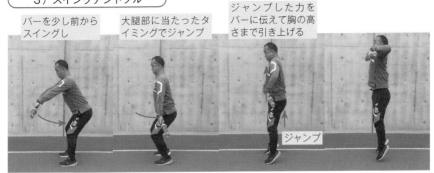

バーを少し前からスイングし

大腿部に当たったタイミングでジャンプ

ジャンプした力をバーに伝えて胸の高さまで引き上げる

ジャンプ

中腰になります。肘を伸ばした状態でバーを前に振り上げ、戻ってきたバーが大腿部に当たるタイミングでジャンプし、その力でバーを胸まで引き上げます。

4）クイックリフト

バーを大腿部に当てた状態で止まる

肘は伸ばす

あごの下までしっかり引き上げる

ジャンプ

膝下までバーを下げた状態から、徐々に膝上まで引き上げ、大腿部の真ん中を過ぎたあたりで一気にジャンプするように上半身と股関節を伸展し、バーを胸まで引き上げます。

1）～4）が正しくできたら、次のハイプルに進みましょう。動画▶

ハイプル

まっすぐ引き上げる　　空中でふわっと

　後述のハイクリーンに近いですが、キャッチまではしません。ハイクリーンで重要な、セカンドプルのところを強調した動作です。手首は返さず、タイミングとバーを素早く加速させることを意識して行います。重量は重くしすぎず、素早さとフォームを重視して行います。初心者がハイクリーンを行うための前段階として行うトレーニング種目としてもお勧めです。

ハイクリーン

ファーストプル　　セカンドプル

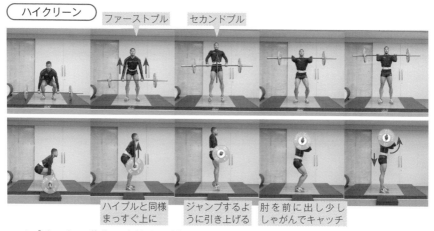

ハイプルと同様　ジャンプするよ　肘を前に出し少し
まっすぐ上に　　うに引き上げる　しゃがんでキャッチ

　スプリントの動作に直結する種目です。床から行ったり（パワークリーン）、膝の高さに腕で持った状態から行ったり（ハングクリーン）、また、セカンドプルラックとよばれるボックス上に置いて行ったりします。フォームが安定するまでは前に説明したハイプルなどと併せて行いましょう。フォームが安定したら、重さにチャレンジしてもいいと思います。ただし、知識のある人の指導のもとで行うようにしてください。

スナッチ（スプリット）

一気に引き上げる　ジャンプして脚を前後に　バーの下に入って頭上でキャッチ

クリーン系の種目の中で、よりスピード重視で行う種目です。グリップ（握る位置）を肩幅より広くし、股関節、膝、足首を伸展させるセカンドプルでバーを素早く頭上まで放り上げるように引き上げ、その下に脚を前後に開いて入り込みキャッチします。重さより、素早く上げることを意識して実施しましょう。

動画▶

上半身種目

　上半身は下半身ほど重要視する必要はありませんが、力強いキックとのバランスをとるために、ある程度強くてしなやかな上半身の筋力強化は必要です。

ベンチプレス

　大胸筋や上腕三頭筋を強化します。また、キックに対応した力強い腕振りをするために強化しましょう。

ベントオーバーロー

肘を引き上げる

　広背筋、上腕二頭筋、その他肩周りの筋のトレーニングです。力強い腕振りを実現するために強化しましょう。

動画▶

COLUMN

元祖お家芸「日本マイル （4 × 400m リレー）」の復活

　日本スプリントが世界に誇るお家芸といえば、男子4×100mリレー（4継）です。日本男子4継チームは、オリンピックではご存知の通り、北京の銅メダル（のちに銀メダルに昇格）、リオの銀メダル、その他の世界大会でも高い確率で決勝進出を果たし、強豪国からもマークされる地位を築いています。一方で男子4×400mリレー（マイル）はしばらく世界の決勝の舞台で日本チームの走りを見ることができませんでした。

　実は日本のマイル、かつてはお家芸とよばれるほど、世界のトップで戦っていました。1996年アトランタオリンピックでは5位、2003年パリ世界陸上も決勝進出し、2004年には4継とともに4位に入賞し、次は4継、マイルともにメダル！という雰囲気でした。

　しかし、その後、日本のマイルは低迷します。世界大会に出場することはできても、レースの流れに乗れず、予選では全く歯がたたない状況が続きました。

　そんななか、日本陸上競技連盟強化委員会の科学スタッフにより、世界のマイルのレースの分析や、400m個人レースの分析を行いました。それによると、世界のマイルのレースでは、日本が戦えていたころから、圧倒的に前半の200mのタイムが上がっていて、スピード化していることがわかりました。当然、マイルでも1人あたり400mの距離を走るのですから、前半のペース配分が遅くても、400mをしっかり走ればよいと考えがちですが、マイルリレーでは、そのレースの流れに乗ること、トップの集団のなかでも前の方で展開できるかがとても重要です。それ以降、2018年から日本チームはマイルのスピード化に取り組みました。

　選手たちへのスピードトレーニングの導入だけでなく、スピード化に必要な筋力トレーニングの導入にも積極的に取り組みました。また、400m世界トップスプリンターで、日本人のお母さんを持つマイケル・ノーマン選手と、そのコーチでオリンピック金メダリストのクインシー・ワッツコーチを訪ね、多くの選手がそこでのトレーニングを経験しました。

　その成果が2021年から結実し始めます。5月に行われたワールドリレーズでは銀メダルを獲得、8月の東京オリンピックでは3分00秒76の日本タイ記録を樹立しました。さらに2022年、オレゴンで開催された世界陸上では、およそ20年ぶりの決勝進出を果たし、さらに決勝では念願の3分の壁の突破、2分59秒51のアジア新記録で4位入賞を達成し、あと一息でメダルというところまで漕ぎ着けました。

　今度のパリオリンピックでは、4継、マイルともにメダルも達成できるかもしれません。

2022年オレゴン世界陸上のマイルでは20年ぶりに決勝進出し、アジア新記録で4位入賞を果たした。Getty Images

PART7

トレーニングに
使える指標

自分の目標タイムで走るには
どれくらいのペースで走ればいいのか、
100m、400m のペース配分表から
探してみましょう。

トレーニングに役立つ目標タイム

表7-1 100mペースタイム（男子）

100mの目標タイム [秒]	最大速度	加速走（加速20m）		スタートダッシュ		
		30m	50m	30m	50m	60m
	m/s	秒	秒	秒	秒	秒
13.00	7.35	3.51	5.87	4.93	7.02	8.12
12.90	7.50	3.48	5.83	4.90	6.97	8.07
12.80	7.64	3.46	5.78	4.86	6.92	8.01
12.70	7.78	3.43	5.73	4.82	6.87	7.96
12.60	7.93	3.40	5.68	4.78	6.83	7.90
12.50	8.07	3.37	5.63	4.75	6.78	7.85
12.40	8.22	3.34	5.58	4.71	6.73	7.79
12.30	8.36	3.32	5.53	4.67	6.69	7.74
12.20	8.50	3.29	5.48	4.63	6.64	7.68
12.10	8.65	3.26	5.43	4.60	6.59	7.63
12.00	8.79	3.23	5.38	4.56	6.54	7.57
11.90	8.94	3.21	5.34	4.52	6.50	7.52
11.80	9.08	3.18	5.29	4.48	6.45	7.46
11.70	9.22	3.15	5.24	4.45	6.40	7.41
11.60	9.37	3.12	5.19	4.41	6.36	7.35
11.50	9.51	3.10	5.14	4.37	6.31	7.30
11.40	9.65	3.07	5.09	4.33	6.26	7.24
11.30	9.80	3.04	5.04	4.30	6.21	7.19
11.20	9.94	3.01	4.99	4.26	6.17	7.13
11.10	10.09	2.98	4.94	4.22	6.12	7.08
11.00	10.23	2.96	4.89	4.18	6.07	7.02
10.90	10.37	2.93	4.85	4.15	6.03	6.97
10.80	10.52	2.90	4.80	4.11	5.98	6.91
10.70	10.66	2.87	4.75	4.07	5.93	6.86
10.60	10.81	2.85	4.70	4.03	5.89	6.80
10.50	10.95	2.82	4.65	4.00	5.84	6.75
10.40	11.09	2.79	4.60	3.96	5.79	6.69
10.30	11.24	2.76	4.55	3.92	5.74	6.64
10.20	11.38	2.74	4.50	3.88	5.70	6.58
10.10	11.53	2.71	4.45	3.85	5.65	6.53
10.00	11.67	2.68	4.40	3.81	5.60	6.47
9.90	11.81	2.65	4.36	3.77	5.56	6.41
9.80	11.96	2.62	4.31	3.73	5.51	6.36
9.70	12.10	2.60	4.26	3.70	5.46	6.30
9.60	12.24	2.57	4.21	3.66	5.41	6.25

（松尾ら2010）をもとに筆者が作成

表 7-1、7-2 は、国内から世界大会まで、多くの大会で得られた 100m 走のデータから導き出した値をまとめたものです。加速走やスタートダッシュのタイムをどれくらいのタイムで走ればよいか、自分の目標タイムから探してみましょう。データは大会で得られた数値ですので、練習よりも少し速めのタイムになっています。練習ではこのタイムより少し（0.1 〜 2秒）遅くなることを考慮しましょう。

表 7-2 100m ペースタイム（女子）

100mの目標タイム [秒]	最大速度	加速走（加速 20m）		スタートダッシュ		
		30m	50m	30m	50m	60m
	m/s	秒	秒	秒	秒	秒
14.00	7.41	3.79	6.36	5.00	7.45	8.71
13.90	7.51	3.77	6.31	4.97	7.40	8.65
13.80	7.61	3.74	6.26	4.94	7.35	8.60
13.70	7.71	3.71	6.21	4.91	7.31	8.54
13.60	7.81	3.68	6.16	4.88	7.26	8.48
13.50	7.91	3.65	6.11	4.85	7.22	8.43
13.40	8.02	3.62	6.06	4.82	7.17	8.37
13.30	8.12	3.60	6.01	4.79	7.12	8.31
13.20	8.22	3.57	5.96	4.76	7.08	8.26
13.10	8.32	3.54	5.91	4.73	7.03	8.20
13.00	8.42	3.51	5.86	4.70	6.98	8.15
12.90	8.52	3.48	5.81	4.67	6.94	8.09
12.80	8.62	3.46	5.76	4.64	6.89	8.03
12.70	8.72	3.43	5.71	4.61	6.84	7.98
12.60	8.82	3.40	5.66	4.58	6.80	7.92
12.50	8.92	3.37	5.61	4.55	6.75	7.86
12.40	9.02	3.34	5.56	4.52	6.70	7.81
12.30	9.12	3.32	5.51	4.49	6.66	7.75
12.20	9.23	3.29	5.47	4.46	6.61	7.69
12.10	9.33	3.26	5.42	4.43	6.56	7.64
12.00	9.43	3.23	5.37	4.40	6.52	7.58
11.90	9.53	3.20	5.32	4.37	6.47	7.53
11.80	9.63	3.18	5.27	4.34	6.42	7.47
11.70	9.73	3.15	5.22	4.31	6.38	7.41
11.60	9.83	3.12	5.17	4.28	6.33	7.36
11.50	9.93	3.09	5.12	4.25	6.29	7.30
11.40	10.03	3.06	5.07	4.22	6.24	7.24
11.30	10.13	3.03	5.02	4.19	6.19	7.19
11.20	10.23	3.01	4.97	4.16	6.15	7.13
11.10	10.33	2.98	4.92	4.13	6.10	7.07
11.00	10.44	2.95	4.87	4.10	6.05	7.02
10.90	10.54	2.92	4.82	4.07	6.01	6.96
10.80	10.64	2.89	4.77	4.04	5.96	6.91
10.70	10.74	2.87	4.72	4.01	5.91	6.85
10.60	10.84	2.84	4.67	3.98	5.87	6.79

（松尾ら 2010）をもとに筆者が作成

表7-3、7-4 は400m のペース配分表です。400m という距離は、世界のトップであっても最初から最後まで全力で走り切ることはできません。選手それぞれが自分のベストペースで走り切る必要があり、その配分がパフォーマンスを左右する種目です。2つの表は、男女それぞれにおいて、P63 に示したような前半型（前半飛ばして後半

表7-3 400m ペースタイム（男子）

タイプ	400mの記録[秒]	通過タイム [秒]							区間タイム [秒]				
		50m	100m	150m	200m	250m	300m	350m	100-200m	200-300m	300-400m	200-400m	前後半差
前半型	43.0	5.8	10.6	15.5	20.4	25.4	30.7	36.4	9.8	10.3	12.3	22.6	2.2
	44.0	5.9	10.8	15.8	20.8	26.0	31.5	37.3	10.0	10.7	12.5	23.2	2.4
	45.0	6.0	11.0	16.1	21.2	26.6	32.2	38.2	10.2	11.0	12.8	23.8	2.6
	46.0	6.1	11.2	16.4	21.7	27.2	33.0	39.1	10.5	11.3	13.0	24.3	2.6
	47.0	6.2	11.4	16.7	22.1	27.7	33.7	40.0	10.7	11.6	13.3	24.9	2.8
	48.0	6.3	11.6	16.9	22.5	28.3	34.4	40.9	10.9	11.9	13.6	25.5	3.0
	49.0	6.4	11.8	17.2	22.9	28.9	35.2	41.8	11.1	12.3	13.8	26.1	3.2
	50.0	6.5	12.0	17.5	23.3	29.5	35.9	42.7	11.3	12.6	14.1	26.7	3.4
平均型	43.0	5.9	10.7	15.5	20.6	25.8	31.2	36.9	9.9	10.6	11.8	22.4	1.8
	44.0	6.0	10.9	15.9	21.0	26.4	31.9	37.7	10.1	10.9	12.1	23.0	2.0
	45.0	6.1	11.1	16.2	21.5	27.0	32.6	38.6	10.4	11.1	12.4	23.5	2.0
	46.0	6.2	11.4	16.6	22.0	27.6	33.4	39.4	10.6	11.4	12.6	24.0	2.0
	47.0	6.3	11.6	16.9	22.4	28.2	34.1	40.3	10.8	11.7	12.9	24.6	2.2
	48.0	6.5	11.8	17.3	22.9	28.8	34.8	41.2	11.1	11.9	13.2	25.1	2.2
	49.0	6.6	12.1	17.6	23.4	29.4	35.5	42.0	11.3	12.1	13.5	25.6	2.2
	50.0	6.7	12.3	18.0	23.9	30.0	36.2	42.9	11.6	12.3	13.8	26.1	2.2
後半型	43.0	6.1	11.1	16.1	21.1	26.3	31.6	37.1	10.0	10.5	11.4	21.9	0.8
	44.0	6.2	11.3	16.3	21.5	26.9	32.3	38.0	10.2	10.8	11.7	22.5	1.0
	45.0	6.3	11.4	16.6	22.0	27.5	33.0	38.8	10.6	11.0	12.0	23.0	1.0
	46.0	6.3	11.6	16.9	22.4	28.0	33.8	39.7	10.8	11.4	12.2	23.6	1.2
	47.0	6.4	11.7	17.2	22.8	28.6	34.5	40.6	11.1	11.7	12.5	24.2	1.4
	48.0	6.5	11.9	17.5	23.2	29.2	35.2	41.4	11.3	12.0	12.8	24.8	1.6
	49.0	6.5	12.0	17.7	23.7	29.8	35.9	42.3	11.7	12.2	13.1	25.3	1.6
	50.0	6.6	12.2	18.0	24.1	30.3	36.6	43.2	11.9	12.5	13.4	25.9	1.8

（山元ら 2017）、（山元 2019）

の減速を抑えるタイプ）、後半型（前半はややスピードを抑え、後半逆転を狙うタイプ）、平均型（2つのタイプの中間）の3つに分け、さらにゴールタイム別のペース配分を表しています。自分のタイプをある程度把握していれば、自分の狙うタイムで走るにはどれくらいのペースで走ったらよいか、この表からわかります。

表7-4 400m ペースタイム（女子）

タイプ	400mの記録[秒]	通過タイム [秒]							区間タイム [秒]				
		50m	100m	150m	200m	250m	300m	350m	100-200m	200-300m	300-400m	200-400m	前後半差
前半型	50.0	6.6	12.0	17.6	23.4	29.5	35.8	42.6	11.4	12.4	14.2	26.0	3.2
	51.0	6.7	12.2	17.9	23.8	30.1	36.6	43.5	11.6	12.8	14.4	27.2	3.4
	52.0	6.8	12.4	18.2	24.3	30.7	37.3	44.4	11.9	13.0	14.7	27.7	3.4
	53.0	6.9	12.6	18.5	24.7	31.2	38.1	45.2	12.1	13.4	14.9	28.3	3.6
	54.0	6.9	12.8	18.9	25.2	31.8	38.8	46.1	12.4	13.6	15.2	28.8	3.6
	55.0	7.0	13.0	19.2	25.6	32.4	39.8	47.0	12.6	14.0	15.4	29.4	3.8
	56.0	7.1	13.2	19.5	26.1	33.0	40.3	47.9	12.9	14.2	15.7	29.9	3.8
	57.0	7.2	13.4	19.9	26.6	33.6	41.1	48.8	13.2	14.5	15.9	30.4	3.8
平均型	50.0	6.7	12.2	17.8	23.7	29.9	36.2	42.8	11.5	12.5	13.8	26.3	2.6
	51.0	6.8	12.4	18.2	24.2	30.5	36.9	43.7	11.8	12.7	14.1	26.8	2.6
	52.0	6.9	12.6	18.5	24.7	31.1	37.7	44.6	12.1	13.0	14.3	27.3	2.6
	53.0	7.0	12.8	18.9	25.1	31.7	38.4	45.5	12.3	13.2	14.6	27.9	2.8
	54.0	7.0	13.0	19.2	25.6	32.3	39.1	46.3	12.6	13.5	14.9	28.4	2.8
	55.0	7.1	13.2	19.5	26.1	32.9	39.9	47.2	12.9	13.8	15.1	28.9	2.8
	56.0	7.2	13.4	19.9	26.5	33.5	40.6	48.1	13.1	14.1	15.4	29.5	3.0
	57.0	7.3	13.7	20.2	27.0	34.1	41.4	49.0	13.3	14.4	15.6	30.0	3.0
後半型	50.0	6.8	12.4	18.2	24.2	30.2	36.4	43.0	11.8	12.2	13.6	25.8	1.6
	51.0	6.9	12.6	18.5	24.6	30.8	37.2	43.8	12.0	12.6	13.8	26.4	1.8
	52.0	7.0	12.8	18.9	25.1	31.5	38.0	44.7	12.3	12.9	14.0	26.9	1.8
	53.0	7.1	13.1	19.2	25.6	32.1	38.7	45.6	12.5	13.1	14.3	27.4	1.8
	54.0	7.2	13.3	19.6	26.1	32.7	39.5	46.5	12.8	13.4	14.5	27.9	1.8
	55.0	7.3	13.5	20.0	26.6	33.3	40.2	47.4	13.1	13.6	14.8	28.4	1.8
	56.0	7.4	13.7	20.3	27.0	33.9	41.0	48.3	13.3	14.0	15.0	29.0	2.0
	57.0	7.5	13.9	20.7	27.5	34.6	41.7	49.1	13.6	14.2	15.3	29.5	2.0

（山元ら 2017）、（山元 2019）

参考文献

・八田秀雄（2009）乳酸と運動生理・生化学・エネルギー代謝の仕組み．市村出版．

・Hunter, J. P., R. N. Marshall, P. J. Mcnair.（2004）Interaction of step length and step rate during sprint running. Medicine & Science in Sports & Exercise, 36（2）: 261-271.

・伊藤章，市川博啓，斉藤晶久，佐川和則，伊藤道郎，小林寛道（1998）100m 中間疾走局面における疾走動作と速度との関係．体育学研究 43:260-273.

・松尾彰文，広川龍太郎，杉田正明，柳谷登志雄（2009）レーザー方式による 100m レースのスピード評価の試み．日本トレーニング科学会編 スプリントトレーニングー速く走る・泳ぐ・滑るを科学するー．pp83-94. 朝倉書店．

・松尾彰文，持田尚，法元康二，小山宏之，阿江通良（2010）世界トップスプリンターのストライド頻度とストライド長の変化．陸上競技研究紀要 第6巻 ,56-62.

・松尾彰文，広川龍太郎，柳谷登志雄，松林武生，山本真帆，高橋恭平，小林海，杉田正 明（2014）男女 100m レースにおける記録と，スピード，ピッチおよびストライドの関係について．陸上競技研究紀要 10: 64-74.

・宮下充正（1986）子供のスポーツ医学．小児医学，Vol19: p879.

・Mujika, I., & Padilla, S.（2003）Scientific bases for precompetition tapering strategies. Medicine & Science in Sports & Exercise, 35（7）: 1182-1187.

・山元康平,関慶太郎,宮代賢治,梶谷亮輔,内藤景,木越清信,尾縣貢（2017）陸上競技 400m 走におけるレースパターンタイプの異なる競技者の疾走動態．スプリント研究，26：73-75.

・山元康平（2019）400m 走における「基準値」．月刊陸上競技，53（10）：206-209.

・トレーニング種目の引用：　A-1 クラブ　http://a-1club.chu.jp/

あとがき

　本書の第1版を執筆したのが2011年、今回の第2版から12年前のことになります。競技者としては普通の選手よりは長く続けてきていましたが、指導者としてはたかだか数年程度の駆け出しで、本を書くことは、とてもおこがましいことだったと思っていました。

　それから12年経ち、改めて「改訂版」を書くことになりましたが、果たしてこの12年の間に、何か指導者として積み重ねたことや進歩したことがあったのか、振り返るのにとても良い機会になりました。年齢的には、もう中堅の指導者ということになろうかと思いますが、中身はどうかというと、本当に進歩があったのか、と思う部分もあります。

　この12年のなかで最も大きな出来事は、桐生祥秀選手との出会いと、彼と一緒に陸上競技をするなかでのさまざまな経験です。もちろん、日本人で初めて10秒の壁を突破したことは大きな出来事ですが、それ以上に、彼を指導するうえで、多くの人々と関われたことが、私を成長させてくれたと思っています。

　東洋大学陸上競技部短距離部門監督の梶原道明先生、洛南高校の柴田博之先生、このお二人は私にとってバイブルのような先生方ですし、理想とする指導者像です。共通する点は、もちろん適切で科学的裏付けがあり、さらに独創性の高いトレーニングの引き出しを多数お持ちであるということですが、最も重要な点は、選手一人ひとりに対する「思いやり」です。選手とともに笑い、寄り添い、時には叱り、選手一人ひとりの目標に対して二人三脚×人数分の取り組みをされることです。また、この12年の間に私の恩師である、大沢知宏さんがお亡くなりになりました。私を大学時代から育ててくれた指導者です。私の現役時代を思い返しても、先に紹介したお二人と同じように、選手思いで寄り添ってくださる指導者でした。果たして私は、この尊敬する3人の指導者の先生方に近づけているのだろうか、自問自答しながら、日々、選手と向き合っています。

　今回の第2版では、特に多くのトレーニングを掲載しようと努力しましたが、おそらく撮影した写真の半分も掲載できていません。ここに掲載されているものがすべてではなく、あくまで一例の紹介であるということをご理解いただけたらと思います。私自身の競技者としての経験、現在の指導者としての立場、また、研究者としてスプリントを研究して明らかになった知見、この3つを踏まえて、今回の内容を厳選しました。ですが、冒頭の「はじめに」の部分でも述べた通り、選手一人ひとりにとっては、合う部分、合わない部分などもあるでしょうし、物足りない部分もあろうかと思います。走り方は選手一人ひとり違いますし、目標という「山頂」に到達する「登山経路」はさまざまです。皆さんが夢、目標に到達するためのヒントになったら良いな、と思っています。

　最後に、今回の本書の執筆にあたり、多くのアイディアや資料を提供してくださった指導者、関係者の皆様、また、モデルを買って出てくれた東洋大学陸上競技部の部員諸君、難しく細かい指示に対応してくださった出版関係者の皆さんには本当に感謝しています。ありがとうございました。

土江寛裕

土江寛裕 (つちえ・ひろやす)

東洋大学法学部教授
東洋大学陸上競技部短距離部門コーチ
1974年6月14日生まれ、島根県出身。早稲田大学大学院博士後期課程修了。
博士(人間科学)。
島根県立出雲高校、早稲田大学を経て富士通に入社。96年アトランタ・オリンピック代表。翌97年のアテネ世界選手権では4×100mリレーで38秒31の日本新記録を樹立。2004年アテネ・オリンピック代表。4×100mリレーで第1走を務め、当時としては史上最高順位の4位入賞。2006年現役引退。城西大学陸上競技部監督を経て、2014年より東洋大学陸上競技部短距離部門コーチとして日本で初めて100m 9秒台を記録した桐生祥秀を指導するほか、日本陸上競技連盟強化委員会オリンピック強化コディレクターを務める。

[協力]
東洋大学陸上競技部

りくじょうきょうぎ にゅうもん
陸上競技入門ブック

スプリント・リレー 第2版
だい はん

2011年10月30日　第1版第1刷発行
2023年 6月30日　第2版第1刷発行

著　者　　土江寛裕
つちえ ひろやす

発行人　　池田哲雄

発行所　　株式会社ベースボール・マガジン社
　　　　　〒103-8482　東京都中央区日本橋浜町2-61-9 TIE浜町ビル
　　　　　電話　03-5643-3930 (販売部)
　　　　　　　　03-5643-3885 (出版部)
　　　　　振替口座　00180-6-46620
　　　　　https://www.bbm-japan.com/

印刷・製本　共同印刷株式会社

ⒸHiroyasu Tsuchie 2023
Printed in japan
ISBN978-4-583-11343-2 C2075